U0111792

大展好書　好書大展
品嘗好書　冠群可期

大展好書　好書大展

品嘗好書　冠群可期

截拳道

攻防技法

舒建臣 編著

大展出版社有限公司

前言

　　自從香港武術大師李小龍先生創立了截拳道功夫以來，影響巨大，在國際武壇上享有盛譽。近些年來，截拳道在中華大地上也得到了蓬勃發展和廣泛傳播，在廣大青少年中掀起了一股學習截拳道的熱潮。

　　人們不禁要問，中國是中華武術的故鄉，其內涵極為豐富，各門各派，千姿百態，足以讓任何一位有心學武之人眼花繚亂，難作決斷。然而為什麼人們還會對截拳道這種既有中華武術的內涵，又借鑒了諸多西洋拳法的技術特點的功夫門類如此青睞呢？

　　依筆者的多年實踐體驗，截拳道歸根結底還是從中國武術這棵大樹上衍生的一株新枝，但它又不同於中國傳統武術，它在許多方面已經跳出了傳統武術的規範與限定，體現出時代的進步。從截拳道的學習和認識中，人們依舊可以充分瞭解武術的基本理念，而且從運動訓練中不僅獲得實戰搏擊的能力，還使自己的身心同時得到更好的鍛鍊，從實際效果上看，在諸多武技流派中是出類拔萃的。

　　截拳道不僅僅教會人們在健身或者搏擊中一招半式的技巧，還強調在學習中追求肉體鍛鍊的極限，同

時進入更加深層次的心靈的探求，使自己在肉體和精神上都得到一個極大的昇華，從而使這門拳技成爲自己生活中一種藝術的拳道。反過來看，當人們在學習中感受到自己從未感受過的許多新知之後，從內心深處迸發出來的熱情又會將種種武技全面地融入到社會生活發展的軌跡中。

今天看來，截拳道早已不只是人們茶餘飯後談論的話題，也不只是從宣傳片中體現對偶像崇拜的衝動，它早已成爲大批練習者日常生活中的重要內容，並逐步地提高著他們的道德、情趣和生活理想的修養。截拳道教會了人們更深入一步地洞察武術的邏輯性，並引導人們站在中外武術文化的基礎之上去充分發揮截拳道所展現的創新思維。

實事求是地講，截拳道是它的創始人和繼承者們交給這個世界的一個嶄新的、理性的、科學的武術體系。儘管，探索武術的眞理常常會遇到許多意想不到的困難，創立一種新的武術體系更非易事，它不僅需要昂揚的激情、創新的勇氣、良好的悟性，還需要科學的態度、求實的精神和嚴謹縝密的思考，而這些，截拳道和它的追求者們基本上做到了。

由於諸多原因，截拳道的資料保留得並不完整，一些人在學習中常常會遇到一些困難，由此，筆者才有了整理出一套比較系統又讓人易於理解的叢書的計畫。經過幾年的努力，產生了《截拳道入門叢書》。這套叢書共六本：《截拳道手擊技法》《截拳道腳踢

技法》《截拳道擒跌技法》《截拳道連環技法》《截拳道攻防技法》《截拳道功夫匯宗》。在這套叢書中，筆者試圖從不同的角度，以理論和實戰技法相結合的方式，把截拳道最基本的理念、技法和攻防招式逐一介紹給大家。考慮到不同層次學習者的需求，在這套書中，筆者儘量以通俗易懂的語言進行描述，以較多的圖片直觀地表現各種技術動作的特點，力求使之達到一個最好的效果。當然，這只是筆者的一個好的願望，因爲，無論是學習截拳道還是其他的武術流派，最主要的還是要靠學習者在訓練中的切身感悟，一部入門叢書，無論如何僅僅是引導您入門的一個輔助工具，而不是全部。

由於截拳道內容非常寬泛，尤其是其技法技巧變化萬千，無法在一部書中得到充分的展現，加之筆者的認識也有待不斷的深化，不斷的提升，所以在本書中難免有諸多的疏漏和不足之處。在此誠懇地希望所有讀到本書的同道提出批評和建議，以期共同提升。

本套叢書得以付梓出版，筆者衷心地感謝多年來一直給予關注和支持的親友，以及爲此付出了辛勤勞動的所有的人。

作　者
於深圳

目
錄

第一章

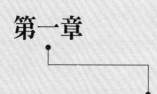

截拳道攻防技法基本訓練

　　截拳道自由搏擊之所以表現得淋漓盡致，來自於它的技術技法和其他因素的綜合作用。

　　截拳道的自由搏擊是一種新穎、獨特的實戰技術，其宗旨為「以無法為有法，以無限為有限」。融合心理、戰術、技巧等，可以極大地增進練習者的實戰能力。經過艱苦訓練之後，把這種能力運用於實戰搏擊中，追求自身的全面協調。而這種協調能力的優劣決定了截拳道練習者的速度、耐力、靈活和準確程度的增減。

第一節　攻防技法的準備活動

　　準備活動（熱身活動）是在訓練和實戰搏擊之前，當中樞神經系統尚處於一種抑制狀態時，做一些身體各部位的預備性活動。由這些活動，使心跳開始加快，血液起了變化，內臟各器官的血管收縮，將內臟器官工作的血液集中到主要活動部位的肌肉中去，中樞神經系統由神經系統

也向各感覺器官和肌肉傳遞信息，從而使身體各部分處於靈敏狀態，肌肉也為進行訓練做好了充分準備。

準備活動也可以作為一項整理運動。在訓練或搏擊比賽結束後，透過一系列放鬆活動，引導肌體由劇烈運動狀態逐步回復到安靜狀態，加速疲勞的消除和促進身體體能的快速恢復。如果在劇烈運動之後立刻停止下來，將會迫使肌肉的唧筒作用消失，大量回心血受重力作用停留在下肢的舒張血管中，形成回心血量與心血量輸出減少，血壓下降，從而引起大腦暫時性的貧血，出現目眩、頭暈等徵兆，嚴重時會出現重力性休克。

體育運動中的準備活動按內容可以分為三類情況。第一類是一般性準備活動，目的是提高與中樞神經系統相適應的機體功能水準。第二類是專門性準備活動，目的是提高與專項基本訓練內容相關的皮層中樞興奮性及內臟的功能。第三類為混合性準備活動，它相容了一般活動和專門活動共有的生理效應。經過研究和實踐，截拳道採用了混合性準備活動，以適應截拳道訓練的需要。並且指出，準備活動除說明該次訓練活動的內容與要求外，還應注意踝關節、腕部關節和肌肉的練習，以及動作的正確性，以培養練習者從初習開始始終保持正確姿勢的能力。

準備活動的時間長短要注意個人特點、季節氣候、搏擊前狀態等。少年兒童神經系統靈活性較高，用少量時間做準備活動即可，而成年人則應根據個人情況適當加長活動時間。一般做準備活動約為 10 分鐘。

準備活動的練習方法較多。練習時從腳踝位置開始，

由腳到膝關節、至腰部，向上至頭、頸部分，然後再返回腳部，練習方告結束。

一、準備姿勢

【動作】

兩腳自然分開，與肩同寬，兩眼平視前方，頭要頂直；兩臂自然放鬆，垂於身體兩側；自然呼吸，然後深呼吸，情緒穩定後進行短促呼吸（圖1）。

【說明】

準備姿勢應結合心理訓練準備，由呼吸練習控制自己情緒，並鍛鍊呼吸在進行激烈運動時的需要，達到呼吸與表情自然，促進內臟器官的鍛鍊。

圖 1

圖 2

圖 3

圖 4

二、腳踝練習

【動作】

兩腳併攏，以前腳掌站立，膝部彎曲，腰部向前俯彎，手按膝部，身體重心在兩腳前掌，以腳跟做起落運動（圖2～圖5）。

兩腳自然分開，與肩同寬，以前腳掌為支撐點，接著

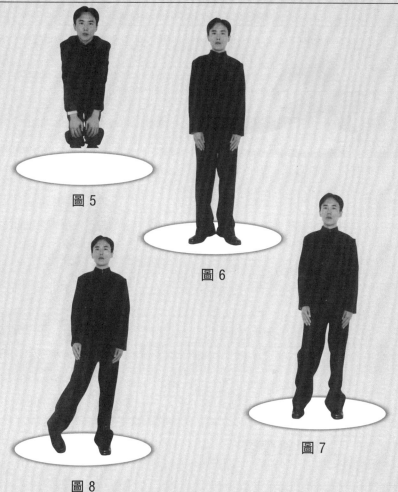

圖 5

圖 6

圖 7

圖 8

腳跟併攏再分開，使身體重心移至左腳；右腳前掌著地，
腳跟抬離地面，做轉動足踝動作（圖6～圖8）。

【說明】

　　練習時兩腳轉換做運動。注意身體放鬆，動作輕巧自
然。

圖 9

圖 10

三、膝部練習

【動作】

　　身體下蹲，似坐在右腿上，左腿向左側前方伸出，使膝部挺直，兩手交叉壓按在左膝部位，腰部彎曲向前俯壓（圖9）。

　　全腳掌著地，兩腳併攏，兩手微用力按住膝部，屈膝向左或向右做旋轉動作（圖10～圖13）。

圖 11

圖 12

圖 13

【說明】

　　練習中要控制身體平衡，旋轉膝部動作幅度應大些，把注意力放在膝關節，使動作在輕巧自然中完成。

圖 14

圖 15

四、腰髖練習

　　兩腳分開站立，略窄於肩寬；兩手扶於腰部，使髖關節部位緩緩地做向左、向右旋轉動作。旋轉腰、髖幅度應稍大些（圖 14 ～ 圖 17）。

　　兩腳分開站立，與肩同寬；右手握拳置於腰後部，左手從身體側面由下向上繞環，擴展胸側，腰部盡力彎向體側（圖 18、圖 19）。

圖 16

圖 17

圖 18

圖 19

圖 20

圖 21

圖 22

圖 23

　　兩腳邁開大步，兩手置於腦後部，身體向前彎曲，接著再向後仰，再回復向前彎曲。接著，兩臂由左前或右前做繞環動作（圖 20 ～ 圖 23）。

【說明】

　　腰髖練習可以促使肢體柔軟靈活，擴大腰髖的運動範圍。

圖 24

圖 25

五、肩肘練習

【動作】

　　兩腳分開，自然站立；兩手握拳，上抬與肩平，屈肘做向左或向右的轉體動作，反覆做數次之後，兩臂做向兩側擴展再屈肘、再擴展動作（圖 24 ～ 圖 28）。

圖 26　　　　　　　　　　　圖 27

圖 28

【說明】

做擺臂動作時，儘量擴展胸部，兩手保持水平動作擺
動。轉體時，肘與肩平，頭部正直，自然挺胸收腹。

六、手臂練習

兩腳自然站立；兩臂伸直上舉，掌心相對，由前至
下、向後、向上做繞環動作。繞環時手臂伸直，之後做反
方向繞環動作（圖 29 ～ 圖 32）。

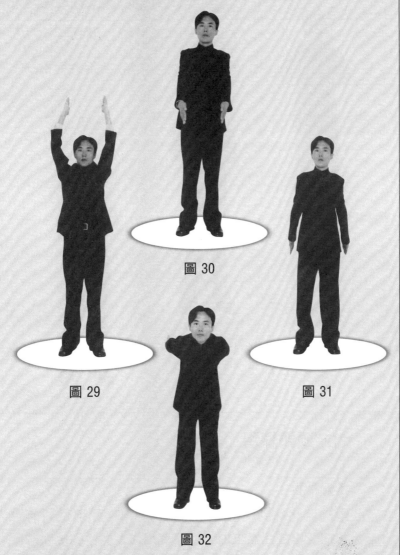

圖 30

圖 29

圖 31

圖 32

【說明】

　　手臂做繞環動作力求自然、快速，上下輕擦衣褲即可。

圖 33

圖 34

圖 35

七、頭頸練習

【動作】

　　兩腳自然站立；兩手握拳屈肘上舉；頭部做向前彎曲、後仰，接著向左、向右做屈振動作；然後頭部向前彎曲，向左、向右、向後、向前做繞轉動作；繞轉後，手掌托頸、頜部位，使頭部向前振壓，振壓之後，手掌托頸後，使頭部做向後振壓動作練習（圖 33 ～ 圖 39）。

圖 36

圖 37

圖 38

圖 39

【說明】

　　運動中身體保持不動，動作不應太快。頭、頸練習對踢打或平衡都有重要幫助。

第二節　攻防技法的訓練態度

本節闡述的是截拳道自由搏擊的賽前狀態、訓練狀態、穩定狀態的身體生理機制及個人所持態度。截拳道是追求精神和肉體自由境界的修煉方法，其要旨是只求心悟。截拳道技巧的單純和簡練，就是靠練習者所持的態度，並學會拋開偏見、執著、束縛，使武術的鍛鍊到達自由無羈之心境。

實戰搏擊中所持態度促進生理變化主要表現在神經系統、氧運輸系統，物質與能量代謝等方面。搏鬥中的良好態度，使中樞神經系統的興奮性適度提高，在一定程度上克服了內臟器官功能上的生理惰性。透過平時訓練，養成一種有個性的正確訓練態度，能在搏擊對抗賽中預先動員其功能來適應即將到來的肌肉運動，縮短搏鬥的時間，發揮最大訓練水準，增加運動效率。

在對抗賽中，一般表現為神經系統興奮性高、情緒緊張，例如，心跳加快、呼吸短促、身體輕微顫抖、兩腿似乎無力等。但如果情緒過分緊張，將會破壞穩定狀態，造成在搏鬥對抗中出現易激動、急躁，注意力不易集中，錯誤招式增多，身體能力下降等狀況，這將導致練習者運動成績下降。這類情況在新手或初次參加對抗賽的練習者中是比較常見的。

這種因搏鬥對抗而產生的生理本質，是一種自然的條件反射。輕微的緊張顫抖，是一種正常現象，把緊張顫抖

降至最低程度，是從平時訓練態度的正確嚴謹中培養出來的。因而截拳道要求在搏鬥中以良好的態度控制自己，控制情緒，不能因過分緊張而使自己的技術動作失去往日水準。經驗顯示，每一個練習者都渴求使自己的技術水準達到頂峰狀態，能夠保持而且可以繼續拼搏下去。

為了達到高水準，在日常訓練中就要注意，動作不過分誇大、緊張，不至於過分消耗體力，這些都與練習者所持態度密不可分。截拳道指出，惟獨在必須不惜一切代價贏取勝利的特殊情況下，為發揮最大潛能而不得不大量消耗體力才是值得的。

要在截拳道訓練中取得好的效果，訓練態度主要體現在以下方面：

- 嚴肅認真的訓練態度；
- 主動、輕巧的移步，而非被動防禦時不得已而為之；
- 一旦發起攻擊，必予敵以毀滅性攻擊；
- 培養出超過他人的速度；
- 自然而放鬆的動作；
- 虛招欺敵及令敵捉摸不定的動作；
- 封住敵方攻勢，把握正確的攻擊路線；
- 從容不迫的戰鬥精神。

第三節　攻防技法的運動動機

運動動機是練習者接受截拳道運動訓練的內部動力或

心理動因。截拳道愛好者之所以熱情投入訓練，是因為他們都把參與截拳道運動作為一個目標，從而滿足自己的信念和願望。自覺接受截拳道訓練是這種動機體現的一個內在過程，實施訓練的行為過程是這種內在過程的結果。優秀的截拳道運動員能夠以最快的爆發力進行實戰搏擊，其潛力發揮至極致，便是這種訓練動機促成的結果。

訓練動機體現在人體生理的生物反應為，學習技能的條件反射與模仿的悟性、運動效果的成敗及價值評價，以及博採眾長的綜合能力。

截拳道指出，訓練動機如果符合個人發展需要，將起到促進自己的訓練，使自己向著確定的目標做堅持不懈的努力，並且強化自己從事這一運動的活動力量。積極的運動動機將會使這些練習者按時或超時完成訓練任務，而其他人卻做不到，這就體現了運動動機常常決定著訓練水準的高低，也決定了在實戰搏鬥中個人能力的強弱。

截拳道訓練計畫如果能給練習者提供較多的自主機會，其動機與表現程度都比較高。訓練的目標是提高對截拳道運動的認識與興趣，鼓勵練習者積極參與運動訓練。訓練的成果不能僅僅以戰勝對手為目標，而應關注比賽進行的過程，並希望他人也能從運動中得到樂趣，使參與訓練的人們都從中感受到參與這項運動給個人身心帶來了多麼大的益處。

截拳道具有明顯的挑戰性和趣味性，並使身心在訓練中達到合一境界。然而，它雖然在一般性接觸時會使人們覺得饒有興趣，但在真正的訓練中卻表明它是一項艱苦的

28

運動，人們必須作出調整，並要求自己從興趣逐漸轉移到認真的訓練中。對於初學者而言，在教學訓練或自己安排訓練計畫時應當避免因要求過高而導致運動動機降低，使訓練過程變得枯燥。

在截拳道運動中，為了增加人們的運動興趣，使訓練成為練習者的自覺需要，應注意如下幾點：

* 使練習者的能力逐漸適應練習的難度；
* 變化訓練方法，促進訓練手段的多樣化；
* 使所有練習者都積極參與；
* 根據練習者的個性特點，培養符合其特點的特長技巧；
* 訓練時使練習者有自我表達的權利。

練習者在訓練或比賽中展示自己的才能，並使別人承認自己的價值；或者並未得到別人的充分尊重，而自我從內心認為自己有能力、有價值，並在訓練或比賽中勇於向自己的能力挑戰。在這樣兩種情形下，都將不會在運動訓練中失去自我。但當練習者遭遇到失敗與挫折而使自尊心受到較大傷害時，教練員應及時鼓勵其重新制定更切合實際的有效目標，營造其奔向成功的訓練環境，進一步提高練習者的運動價值觀，使他的由運動動機所激發出來的訓練熱情得以保持下去。

作為練習者來說，最瞭解自己的還是自己本身。要提高成績，使自己透過訓練和比賽體現自我價值，培養自己在訓練時的運動動機就顯得格外重要。在訓練過程中，教練員為訓練和比賽作出的計畫安排一般來說都比較適合練

習者。但練習者也應當在長期的訓練中學會安排適合自己的訓練計畫。當然這又要求自己必須有更強烈的責任心，去完成自己擬定的訓練任務。運動訓練動機因練習者的家庭狀況、自身個性、學養程度、領悟能力等都有一定差異，執行訓練計畫一定要因材施教、因人制宜，創造性地運用各種訓練手段，而不能在訓練中生搬硬套，導致訓練產生不良效果。

專業的訓練往往強調目的是取勝對手，這對於普及性的截拳道教學活動和業餘愛好者的活動不太適宜。普及性截拳道教學活動和業餘愛好活動的主要目標應是提高人們對體育運動本身的興趣和認識，鼓勵人們終身積極參與健身運動，促進人們身體健康的全面發展。

第四節　攻防技法的警戒樁式

警戒樁式在截拳道中也稱為預備式或者警戒式。它似一個拉弓射箭的姿勢，這一姿勢包含了截拳道的精粹。在相容了數種格鬥形式後，截拳道根據自身形成的技術特點，確定了自己的格鬥預備式。它又是截拳道最基礎的功夫，按照攻防需要安排成一個圓滿的姿勢。在實戰搏擊中技法使用都離不開樁馬的運用。

截拳道技擊中幾乎所有的動作都以這一基本姿勢為基礎。每當移動步法、做一個假動進攻或防守等，都要恢復警戒樁式，確保良好的平衡，以利下一個回合的搏鬥。

　　警戒樁式的運用取決於實戰與訓練中的個人自身特點。在初習階段，當尚未掌握正確的姿勢時，一般不允許採用有個人特色的姿勢，在達到一定訓練水準後，才能根據自己的個性特點採用適合自己的樁式姿勢。

　　警戒樁式的右前式就是右腳在前的姿勢，左前式亦即左腳在前。截拳道的研究認為，大多數動作都是由較有力的右手右腳去完成，因此人們喜歡選用右腳在前的姿勢。

一、警戒樁式右前式

　　身體自然站立，頭部端正；兩臂自然下垂，兩腳靠近，眼向前平視；精神集中，面部表情自然，口自然閉合，舌平放口中，不可挺胸造作，而應全身放鬆（圖40）。

圖 40

左腳不動，以右腳腳跟為軸外展 60°左右，同時身體稍右轉，兩手握拳；右腳踏出，踏出右腳時身體與腳的移動一致；左手隨身體移動伸出，低於肩部少許，右手抬起，比前肩稍低，眼向前平視，注意踏出腳時身體不可搖擺及做多餘動作（圖 41、圖 42）。

前後腳踏出的距離應以姿勢舒適自然為準則。兩腿膝關節稍屈，後腳腳跟抬起，使腳跟不接觸地面，腳趾扣地，身體重心偏於後腳，腳心含空，前腳既虛又實，擔負少量體重；兩腳力求穩固，身體向前的一面從前腳腳跟至肩部形成一直線（圖 43）。

處於警戒樁式時，後手均同身體保持 10 公分左右間距，以保護脆弱的胸肋部位（圖 44）。

要使警戒樁式運用得熟練自然，身體組織有效協調，需經長久練習。警戒樁式運用熟練後，可使身體保持強有力的狀態，在發起進攻或反擊、防護時均不需做預先調整動作，並能使自己放鬆，以利於身體肌肉做出最快的反應。

樁式熟練後運用在搏鬥中，不可死板、固定地在一個地方不變。姿勢應該適當，步伐間距不能過寬或過窄，換步時儘量採用碎步移動來爭取速度。此刻尤應注意控制身體平衡。

如何形成良好的基本樁式與進一步研究其運用如何，是截拳道訓練中探討的一個重點。樁式運用如何也體現著攻防技巧的掌握程度。截拳道運用姿勢講求的是「無型之型，無式之式」，既沒有固定的手型和身型，也沒有固定

圖 41

圖 42

圖 43

圖 44

的招式和名稱，以對手來勢如何確定如何回敬對手。

下面介紹一下截拳道警戒樁式的要求及注意事項。以警戒樁式的右前式為例：

● 馬步

屈膝角度須適宜，以保持最佳姿勢。

● 頭

頭為周身之主，動作中須保持端正，頸部有意識地豎起來（特殊情況除外）。耳由聲波刺激反應，以便攻防中兼顧前後左右。眼神尤為重要，在搏鬥中不可旁視，身體一動必在心意傳神於眼，必須凝神注視，做到手到眼到，目光兼顧四周，使反應變化更加快速。口要輕閉。牙閉輕叩。下頦稍內收。

● 右肩

稍微抬起，肩關節鬆沉，促使肘關節自然，肩窩處稍後引，使上肢舒展。肩部的鬆墜，可以幫助向下沉氣，使下肢穩固。右肩若抬起時，下頦應稍下降，以便保護下頦和面部。

● 右手

手不可鬆軟，不偏離中線，發起攻擊時用以保護面部和腹部。

● 右肘

手擊出或收回時，肘靠近胸和肋部，用以防護身體的中部和右側。

● 右膝

膝關節彎曲稍內扣，不可敞開向外，利於下肢沉穩，

同時可保護小腹部位。

● 右腳

在所處位置，腳趾扣地，腳心含空，既虛又實。踢擊主要依賴右腳。

● 左手

以心領手，出擊應快速，防護臉和小腹。

● 左前臂

置於胸部，防護身體中段。

● 左肘

肘關節略後引鬆沉，防護身體左側。

● 左腳

腳趾扣地，保持靈活，隨時做好踢擊準備。

● 胸

胸部舒鬆含蓄，不能挺胸或向外突出，順人體自然形態。

● 背

由頸部的豎直和腰部的貫穿挺拔，促使脊背部肌肉上下有張力。

● 腹

由以上各部位的姿勢使腹部自然合勁。

● 腰

鬆展自然，主宰全身，富有彈性。做動作時肌肉不能僵硬，腰部姿勢正確自然，使下肢靈敏且穩重。

● 髖

髖關節的敏捷與動作效果是分不開的。髖關節的放鬆

使胯部內縮勁力，從而保持了上肢的中正。

二、警戒樁式左前式

● **右手**

保護面和腹部。

● **右前臂**

防護身體中段部位。

● **右肘**

防護身體左側。

● **右腳**

腳跟抬離地面稍許。

● **頭部**

快速搖晃和擺動，避免遭受攻擊。

● **左肩**

稍微抬起，下頦內含降低，防護下頦和面部。

● **左手**

進攻主要武器。防護面、腹部和襠部。

● **左肘**

防護身體中段和左側面。

● **左膝**

防護小腹和襠部。

● **左腳**

踢擊主要依賴左腳。

第五節　警戒樁式防護

　　截拳道中的防守技術沒有完全獨立動作，它是始終把進攻和防守聯繫在一起的，體現攻與防的合一。警戒樁式的防護是建立在警戒樁式基礎之上的一種運用左右手消勢防護格擋對手攻擊的技術。進行積極主動的攻擊時，運用防護技術也同樣重要。

　　警戒樁式的防護即立體三段防禦系統。防護的姿勢本質上體現了身體組織有效的協調配合，使進攻和防護技術融合為一。要想獲得防護姿勢有效配合的技術，須經過持久的訓練。

　　對敵進行樁式防護時，必須充分運用技巧與技術。此時應努力克服身體緊張狀態，用適度的放鬆使肌體做出最快的反應動作。

　　截拳道確認警戒樁式立體三段防護系統也是最佳防禦體系，它和其他武術流派的不同及其拳理的深奧都體現在這裏。

　　警戒樁式自由防護左右手消勢右前式與左前式（圖45、圖46）。

　　警戒樁式自由防護左右手消勢右前式分解圖（圖47～圖55）。

　　警戒樁式自由防護左右手消勢左前式分解圖（圖56～圖64）。

圖 45

圖 46

圖 47

圖 48

圖 49

圖 50

圖 51

圖 52

圖 53

圖 54

圖 55

圖 56

圖 57

圖 58

圖 59

圖 60

圖 61

圖 62

圖 63

圖 64

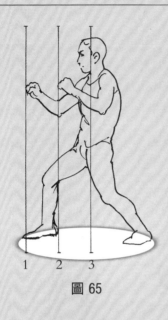

1　2　3

圖 65

圖 66

　　按照拳理，警戒樁式防護把樁式虛設三條防護線，分別為第一防護線、第二防護線、第三防護線，其中包含了搖晃、阻擋、攔截、刁抓、封手技術的運用（圖65）。

　　第一防護線虛設人體的前手與前腳（圖66）：

　　●前手可以稍微晃動。

　　●前腳有隨時突發踢打之意。

　　●配合實施先於對手的動作（或是阻截和半路攔截）。

圖 67

圖 68

【示範】

　　由警戒樁式起。對手搖晃前手攻擊我方。我方預先覺察對手的攻擊意圖，先起腳踢擊對手胸、腹部位，在收腳同時，前手直拳連擊對手面部。然後迅速恢復警戒樁式（圖 67 ～ 圖 70）。

圖 69

圖 70

　　由警戒樁式起。對手起腳踢打我方。我方移位，前腳快速踩踏對手起踢之腿，在踩踏過程中，猛提膝刺擊對手胸腹部分。然後迅速恢復警戒樁式（圖 71 ～ 圖 73）。

圖 71

圖 72

圖 73

圖 74

圖 75

第二防護線虛設人體的前肩與前腿（圖 74）：
- 前腳不前伸過遠。
- 前肩阻擋。
- 肘部阻擋。
- 後手封纏。
- 後手截擊。

【示範】

由警戒樁式起，對手起腳攻擊，我方提膝阻擋，使對手的攻擊落空，並移步，後手封纏對手前伸之手，前手猛然直拳攻擊對手頭部（圖 75 ～ 圖 78）。

圖 76

圖 77

圖 78

圖 79

圖 80

第三防護線虛設人體的頭部百會穴至身體中央（圖79）：

●頭部搖晃、閃躲。

●肘部阻擋。

●身法。

●步法移動，以破壞對手攻擊。

【示範】

由警戒樁式起。對手揮拳攻擊我方頭部。我方晃動身體和頭部閃躲時，進身，前手屈肘格擋對手攻擊手臂，後腿提膝前頂對手腹部（圖80～圖83）。

圖 81

圖 82

圖 83

警戒樁式防護姿勢的運用，同時包括了部分格擋技術。關於格擋技術將在後面的章節裏細述。立體三段防護虛線的設立，使練習者在格鬥中給自己佈置了三道防禦線，在第一、第二道防護線遭到破壞後，最後運用第三道防護線對付對手。

做警戒樁式的防護姿勢時，應當使身體做出與四肢最好配合的有利姿勢。不露出自己動作的預兆和攻擊意圖，維持身體的適度緊張，有利於做出靈活的反應和最快的協調技巧動作。

警戒樁式防護的基本姿勢變換，應使動作儘量簡練，精神與肉體合一，身體姿勢放鬆、自然，動作直接而不遲疑，還應根據對手的警覺程度而變換姿勢。

第六節　步　法

步法是武術運動的要素之一，與手法、眼法、身法並稱為武術運動「四要」。步法訓練與手、眼、身法相協調，從基本步法開始，發展到複雜的聯合步法。武術運動的步法，不能與手法、眼法、身法分割開來孤立進行，應做到眼隨手動、步隨手轉，使動作顯得完整和諧。

截拳道的步法根據腳的移位元方法，有前進、後退、左迴旋、右迴旋四種基本步法，在這四種基本步法的基礎上衍生了多種實用的步法。步法的好壞，反映出技擊者的技術水準的高低，因而步法在訓練和實戰中是比較重要

的。在搏鬥中，惟有靈活地移動步法，才能有效地利用拳腳的動作技巧。截拳道強調，步法的移動是為了在搏擊中尋找目標或者閃避對手的攻擊，而實戰搏擊是隨時變化的。步法的移動力求精練。兩腳在步法中的移位，應控制動作的平衡，促進攻擊和防禦的效果。同時，在移動中保持沉著、冷靜，切忌急躁。腳自然站立，保持身體的平衡，步伐不應過大。

步法訓練一般應與攻防技術訓練一起進行，以求達到準確的判斷距離、快速的移位，培養不斷向對手逼近攻擊的積極態度。

一、滑　步

【動作】

由警戒樁式起做前滑步動作。前腳前滑大約半步，兩腳分開，同時後腳隨即跟上。然後迅速恢復警戒樁式，成前滑步或向前滑步動作。若繼續前進，重複此過程即可（圖84）。

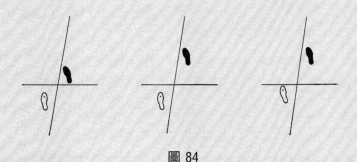

圖84

　　由警戒樁式起做後滑步動作。後腳向後移動或滑動約半步，在前腳後滑時，兩腳後滑距離是瞬間完成的，前腳著地的同時保持身體平衡，然後迅速恢復警戒樁式（圖85）。

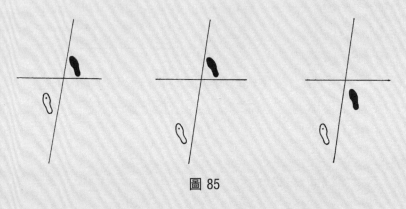

圖 85

【練習方法】

　　截拳道的滑步是其拳術的基本步法之一。它是一種使身體前進或後退更加靈活的動作。

　　開始做滑步練習時會感到有些彆扭，動作較緩慢遲滯，但經過一段時間訓練後，水準會逐漸提高。

　　做滑步動作要求，兩腳跟抬離地面，以前腳踏地滑行。在向前或向後的滑步動作中，必須採用連續碎步滑動方法，以保持身體平衡。移動中勿使兩腳全腳掌著地，以免破壞動作的靈活性。要保持自身的完全平衡狀態和防守狀態，並保持高度警覺，注視意外情況。兩腿要屈，身體尤其是下肢適度放鬆，以減少因身體緊張而影響步法。向前滑步或移動時，腳步應輕巧，身體重心在兩腳之間。在

前滑過程中，前後腳處於在分離狀態，重心微向前腳移動。做後滑步時動作則相反，在前腳後滑動時，身體重心稍移向後腳。

步法練習熟練後，在突然移動身體來改變方向時，前腳可以輕巧而自然地抬起 4 公分。在單個步法練習熟練後，可配合練習攻擊前、攻擊中、攻擊後的不同情況下的前進與後退的技術，培養本能的距離感。

器械輔助訓練步法將在後面章節論述。這裏要指出的是，滑步練習可以根據訓練計畫，結合側步或疾步等一同練習。

【運用原則】

● 保持自身平衡，注意防禦意外變化。

● 以腳前掌做動作，不能全腳掌貼地移步。

● 適度的放鬆和屈膝。

● 在靜止或移動中，後腳腳跟抬離地面。

● 做前滑或後退動作時應保持警覺和謹慎。

二、快速移動

【動作】

由警戒樁式起做向前快速移動動作。前腳向前跨出 75 公分。前腳一滑動，後腳隨即滑動到幾乎是原前腳的位置上。準備前進時，後腳剛觸到前腳，前腳繼續向前滑步。不準備前進時，兩腳就自然分開，然後迅速恢復警戒樁式（圖 86）。

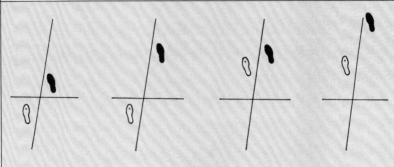

圖 86

由警戒椿式起做快速後退動作，前腳由椿式向後移動，前腳後撤同時，後腳隨即後撤，身體成直線以保持平衡。如果繼續後撤的話，任何一隻腳都不必先滑出 7.5 公分繼續撤步；僅移動一次的話，兩腳移動後，迅速恢復警戒椿式（圖 87）。

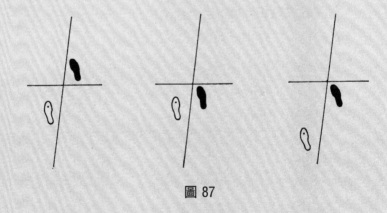

圖 87

【練習方法】

截拳道快速移動法借鑒了西洋劍術步法的特點，其步法移動能夠在最短時間內接近目標。

快速移動實際上是個控制平衡問題，此過程應採用碎步或快速滑步來完成。正確的快速移動或突然前進，必須保持良好的平衡，以利於向對手發起攻擊和避免對手的進攻。

運動中的目標比固定目標難以擊打，因而必須以快速移動接近目標，或者減少被迫以手臂格擋而給對手踢打的可乘之機。

向前快速移動時，前腳前滑 75 公分的距離要求特別重要，因這個表面上似乎無關緊要的動作，卻能使身體成直線，並有助於向前運動時保持身體平衡。

在快速移動練習中身體要適度放鬆，以兩腳掌滑動，使自己在腳步移動中輕快自然。練習中，儘量不採用大跨步動作。

【運用原則】

● 根據實戰需要可以持續後退，也可以在出現攻擊機會時踏前。

● 判斷距離，快速移動攻擊。

● 後退閃避時，對手的有效攻擊距離比較充裕，須迅速牽制對手。

● 動作自然、流暢，移動中不能有跳躍現象。

三、疾　步

【動作】

由警戒樁式起做向前疾步動作。前腳向前跨出約 75 公分，身體保持直線和平衡，快速反應，前手與後手仍以樁

式移位，同時髖部向前擺動，腿部伸直，然後迅速恢復警戒樁式（圖88）。

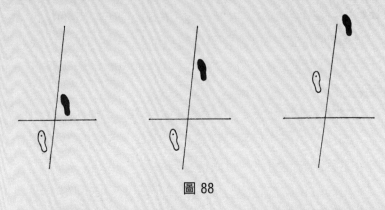

圖 88

由警戒樁式起做向後疾步動作。前腳掌著地，使前腿伸直後，將身體重心移至後腳，前腳離地後不停頓地與後腳交叉。前腳落地前，後腿變屈蓄力，接著猛然彈起伸直，身體隨著腿的伸直突然向後猛衝。應在後腳觸地前瞬間，用前腳掌先著地，然後迅速恢復警戒樁式（圖89）。

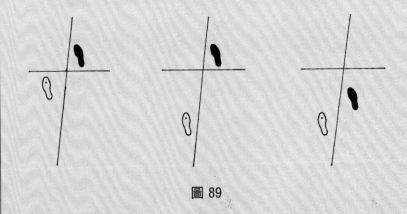

圖 89

【練習方法】

疾步向前突進或猛衝是截拳道最快的步法動作。此類方法較難掌握，它需要良好的身體協調性，而身體的協調性又是對綜合素質的要求。

開始練習時，不要太注意兩手動作，注意力主要集中在步法上。能夠在訓練中保持平衡完成腳部動作時，也可以結合手的揮動進一步練習。

進行使步法輕巧的練習，不斷訓練縮短同等距離上做動作所用的時間，使動作連貫快速、準確。

【運用原則】

• 身體前跨而出時保持身體平衡；

• 注意動作的正確性，連貫性；

• 髖關節擺動瞬間，須控制好身心重心。

四、側　步

由警戒樁式起做右側步動作。前腳先敏捷地移動，向右前邁出 25 公分，在右腳前掌輕快落地時，左腳蹬地提供向前的推力，在前腳著地瞬間，肩部向右擺，膝部稍屈，身體重心移向前腳，左腳快速滑移，然後迅速恢復警戒樁式（圖 90）。

由警戒樁式起做左側步動作。左腳向左前方移動 25 公分，身體成直線並保持平衡，移動時身體重心均勻在兩腳上，右腳隨即跟上，然後迅速恢復警戒樁式（圖 91）。

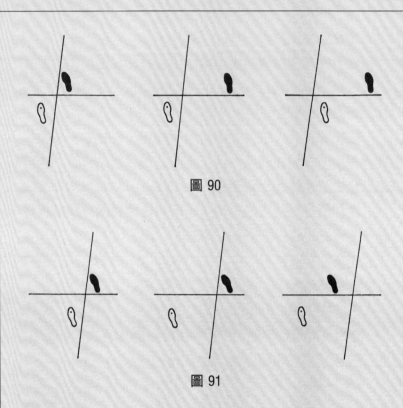

圖 90

圖 91

【練習方法】

　側步是使身體向左或向右移動而不失平衡的步法之
一。它的目的是移動到易於攻擊的有利位置，而移動時身
體平衡不受影響。側步可以避開對手的直接突襲，並能迅
速騰閃到對方有效攻擊距離外。同時在對手準備攻擊之
際，也可以用側移步擾亂對手的心情，誘使對手的動作露
出破綻而展開還擊。側步移動還可以配合前低身動作，一
面移位，一面前傾上體，便於近戰或混合攻擊。搏鬥中對
手缺乏防範時，利用側步能尋找機會反擊。一般情況下，

避免直接向前出拳或腳踢。

步法運用時須使身體適度放鬆，令肌肉得以充分發揮效用，並且要求沉著冷靜，不要使身體處於緊張和僵硬狀態中。

如果是在變換步法方式過程中移動，身體重心在向前移步中降低是十分必要的。

移動步法的目的是用最少的動作獲得有效的結果。所以移動步法只要能避免遭受進攻和擊打就可以了，當然，也要學會用移動步法迷惑對手，使對手消耗體能。

側步訓練為使動作快速完成，在剛剛邁出第一腳時，身體也向腳邁出的方向、角度傾斜，後腳提供向前的推力，使動作輕鬆、快速。髖關節帶動腰部並擺動肩部時，膝關節應稍屈，控制身體在移動中的重心。

向左側移步比向右側移步容易做，身體在這一過程中容易成直線，身體成直線時重心就容易控制。

【運用原則】

● 腳在移動時，動作要輕快、順暢。

● 以髖關節擰轉動作時，注意控制身體平衡。

● 重心在兩腳的轉換中應正確靈活。

● 膝部稍屈，保持適度的彈性。

五、碎 步

【動作】

由警戒樁式起做向前碎步動作。左腳利用踏地的反彈

性，前移一步左右，右腳隨即踏地前移，腳彈離地面 2.5
公分，身體重心控制在後腳，以髖部的擺動完成動作，然
後迅速恢復警戒樁式（圖 92）。

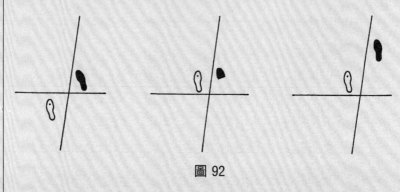

圖 92

由警戒樁式起做向後碎步動作。左腳踏地前移 25 公
分，右腳隨即踏地後移 75 公分，此時身體重心在後腳，身
體自然放鬆，然後迅速恢復警戒樁式（圖 93）。

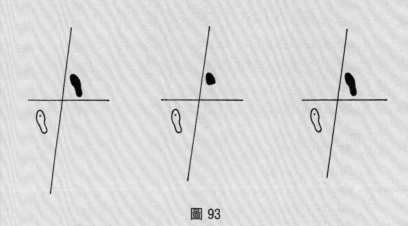

圖 93

【練習方法】

碎步多在實戰戰術中採用。它與滑步有許多相似之處，只是碎步在移動中要求腳踏地彈起 2.5 公分。

透由步法移動掌握合適距離攻擊，並採用碎步擾亂對手對距離的判斷。

碎步練習應儘量用踝關節完成動作，身體適度放鬆，動作輕巧自然，膝部稍屈，不使重心過高而失去平衡。移動中借助肢體自然彈性完成動作，身體重心稍偏後腳。

【運用原則】

- 向前碎步動作應以髖部帶動完成；
- 注意腳掌的彈離地面高度；
- 借助肢體彈性動作，儘量避免蠻力；
- 因距離較遠等原因，可連續做碎步動作。

六、跨　步

【動作】

由警戒樁式起做跨步動作。後腳踏地提起，移向身體左前方著地，前腳隨即緊跟至後腳後方，移動中控制身體平衡，迅速恢復警戒樁式（圖 94）。

【練習方法】

跨步主要在姿勢變換和進攻中施用，它可以在移動中快速縮短與對手的距離和時間。在完成動作時應保持警戒之心，並要求動作快速、輕巧。

應當反覆練習跨步的次數，學會控制身體重心的平

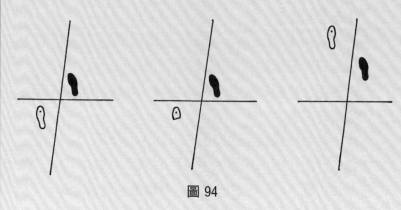

圖 94

衡，注意動作的協調。

【運用原則】
- 動作時快速輕巧；
- 移動瞬間在正面正對對手時，注意儘快縮短時間；
- 腰髖的擰轉順暢；
- 時刻保持警覺之心防護。

第七節　步法運用技巧

各種迴旋步法或混合步法，都建立在基本步法的基礎上。

步法是構成截拳道運動的主要組成部分。它透過與手法、踢法、身法、眼法的協調練習，從而為從基本步法練習向複合步法練習創造條件。然而步法又是不太容易掌握的。步法不僅是下肢的運動，它不能在運轉中受上肢或身

法運動的影響，同時又須為上肢或身法攻防技術提供堅固條件，使動作完整協調。

不論是進攻和防護，還是虛晃假動作和保持體力，都依賴於步法的運轉，與對手間距的判斷是否正確，也取決於步法運轉的熟練程度。

在步法練習與運用時：

（1）後腳跟抬離地面

後腳支撐全身65%的體重，如果全腳掌著地，動作中就會顯得笨拙遲疑。抬起的後腳跟要富有彈性，以便做出快速反應。出拳攻擊時，身體重量迅速移到前腳上。遭受對手襲擊時，稍稍抬高後腳跟，藉後腳跟抬離的彈性，化解對手的拳擊勁力。

至於腳跟應在何時抬起，何時放平，並沒有特別規定，它取決於身體的姿勢、手法或踢打的防守與反應；如何使踝關節最大限度地發揮效率，動作更加機動靈活；如何加快步法移動速度，在追逐攻擊目標時減少用肢體格擋對手的踢打，給反攻創造條件。

（2）用步法運轉控制身體平衡

步法的運用要因應對手的突然攻擊，靈活地移向任何位置；隨時控制平衡。

（3）移動的步幅應短小

移動的步幅短小，可以使攻擊動作平穩，不論是在前進、後退、回轉、攻防動作中均可以保持輕巧靈活。若是相同距離的移位，與其大跨一步，不如分兩小步移動為好。

（4）技巧動作多做練習

重複練習技巧動作，可使腳步變得輕巧。在循序漸進的訓練中，動作將變得靈活、自然、快速。接著應練習快速移步，提高步法運用的層次，培養逼近對手或進身攻擊的積極態度。

第八節　步法訓練

在掌握步法技術的基礎上，從實戰出發，力求簡捷高效，在從嚴從難原則下進行訓練。為了提高練習者步法的機動靈活性與耐久力，還可以選擇跑步、跳繩、器械訓練等輔助練習。

一、動作訓練

在步法技術中選擇一種做反覆練習，以適應初習速度和改變動作彆扭情況。隨著熟練程度提高，進而將幾種步法混合練習。例如：前滑步——後滑步；後滑步——前腳側步；向前碎步——後疾步；連續跨步。

二、彈性帶訓練

取一條彈性帶繫在兩腳踝關節部位，以樁式姿勢進行步法動作練習。練習次數以 2 分鐘為 1 組，連續做幾組。

三、負重訓練

腿上縛沙袋進行各種動作練習。這是增加練習者強度與運動量的訓練。練習次數以 2 分鐘為 1 組，連續做幾組。

四、沙袋訓練

練習者距沙袋適當距離，前手擺動沙袋，兩眼緊盯沙袋，同時做步法訓練。沙袋擺近時，練習者以滑步或碎步後移動；沙袋晃遠時，練習者又可以滑步或碎步緊跟前移；同時可與其他步法結合起來做閃躲練習。

練習以 2 分鐘為 1 組，連續做幾組。

五、對鏡訓練

對鏡訓練的目的是讓練習者觀察步法動作正確與否，並結合攻防法進行練習，體會動作要領。

六、節奏訓練

根據個人特點，借助音樂配合引發練習者的訓練興趣。

七、助手配合訓練

在隊員中找一個助手，取一條繩索繫於二者之腰部，間距大約 2 公尺。訓練中練習者前移，助手即後移；助手前移，練習者後移。如此反覆訓練。3～5 分鐘為 1 組。

練習者與助手各戴護具，助手防護，練習者進攻；練習者防護，助手進攻，反覆訓練。訓練中雙方應注意擊打的準確快速，並避免傷害事故發生。練習以 2 分鐘為 1 組，連續做幾組。

在掌握步法的正確技術後，練習者可擇一助手進行實戰練習。在實戰練習中，要學會迷惑對手，改變自己的步幅和速度；掌握對距離的判斷能力，以及如何突破防線或縮短距離，來實施較困難的正面攻擊。

步法的訓練不僅要求步法技術簡練快捷，身體的柔韌性、靈敏性、耐力及精神方面都要經常練習。

第二章

格擋與防守

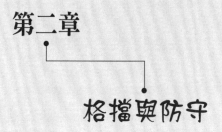

　　檔擋與防守技術總是與進攻技術同時運用，體現了截拳道格鬥技巧的攻防合一境界。攻擊是在防護良好的狀態中對目標的擊打。搏鬥中不學會如何保護自己，就會遭到對手的擊打。截拳道的技術和戰術都反覆強調，先避開對手的攻擊，然後尋找機會打擊對手。

第一節　手肘格擋

　　截拳道的手肘格擋技術是在警戒椿式左右手消勢的基礎上靈活運用的。手肘格擋技術以手的開合，或向內、向外的快速動作來避開對手的直接攻擊。手肘格擋時肘部幾乎是不動的，僅用手和臂的動作完成。手的動作幅度不易過大，因為動作太大會暴露自身中線而遭到對手攻擊，故而手的動作以恰到好處能擋住和控制對手的打擊即可。

　　在格擋技術中，時機的把握比力量更重要。反應過早，對手會改變踢打路線，或對手反擊時會找到我方空

圖 95

圖 96

擋。正確做法是，應當等到對手快要擊到自己時再做出動作。

　　手肘格擋技法分為內側高位格擋法、內側低位格擋法、外側高位格擋法、外側低位格擋法四類。

一、內側高位格擋法

　　由警戒樁式起做內側高位格擋法動作。身體重心移至前腳，保持警覺，前腿稍屈膝，左手由原位輕向外擋撥（圖95、圖96）。

圖 97

圖 98

　　內側高位格擋法是在對手攻擊之手與我方遭遇時，我方腕關節逆時針方向一撥。此一輕微的動作之所以能夠保護身體，因為撥腕動作是在遠離自身身體之外的動作，並且是向著來拳方向的。當我方向身體之外撥腕時，臂力要比向裏撥腕時更強（圖97～圖100）。

圖 99

圖 100

圖 101

圖 102

二、內側低位格擋法

由警戒樁式起做內側低位格擋法動作。保持警覺,身體向前移動,隨著膝部的稍屈,將身體重心移至前腳,左手順時針方向向下做半圓動作(圖 101、圖 102)。

圖 103

圖 104

　　內側低位格擋法是對付來自腰部以下的踢打。對手右
拳發動攻擊，我方內側低位格擋攔截。對手的動作是連成
一氣的（圖 103～圖 106）。

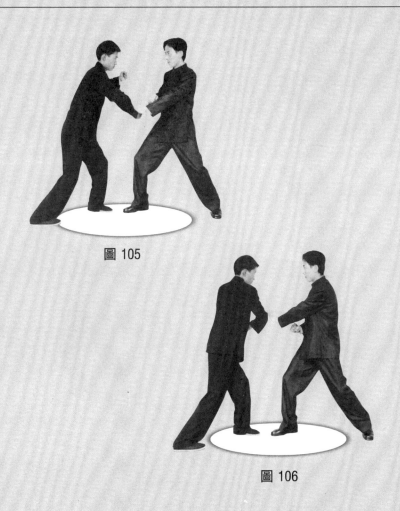

圖 105

圖 106

三、外側高位格擋法

　　由警戒樁式起做外側高位格擋法動作。保持警覺，身體適度放鬆，手隨動作交叉，同時前手隨時準備出擊，後

圖 107

圖 108

手做防護時格擋，前腳前移 7～10 公分，身體重心隨著膝部稍屈移至前腳（圖 107、圖 108）。

外側高位格擋法具有突然的防護或打擊力，也是防禦性更強的動作。若對手先行發動攻擊，以右手進攻時，我方做一拍擊動作，擋開對手攻擊右手，在偏離出拳方向同時重心移至前腳（圖 109 ～ 圖 111）。

圖 109

圖 110

圖 111

圖 112

圖 113

四、外側低位格擋法

由警戒樁式起做外側低位格擋法動作。保持警覺，在身體移動同時，左手順時針做畫圓動作（圖112、圖113）。

外側低位格擋法與內側低位格擋法相似，只是前者手的動作幅度偏大些，防護的手主要用來保護身體一側，以抗擊可能向低位發來的攻擊（圖114～圖116）。

圖 114

圖 115

圖 116

第二節　膝腿格擋

　　膝腿格擋法是截拳道防守技法的重要組成部分。掌握手肘技術的格擋，同樣也要運用膝腿格擋保護自己。實戰搏擊中，儘管你實力強大，可以對對手實施較強的攻擊，但也難免遭遇對手的擊打。

　　截拳道的基本技術和戰術都要求首先避開對手的攻擊，然後尋機擊打對手。因此，練習者必須掌握熟練的格擋和防守技術，以破壞對手的攻擊。

　　截拳道膝腿格擋法是運用膝腿防守技巧阻截對手的攻擊，破壞或截擊對手的攻勢。

　　膝腿格擋法一般有膝腿格擋或膝腿掛擋等方法。

一、膝腿格擋法

　　由警戒樁式起做膝腿格擋法。對手以左腳在前並以前手出拳攻擊。我方稍微移動並控制身體重心，在身體輕微左移時，前腿提膝，左腿支撐身體，迅速壓擋對手攻擊手臂（圖117～圖120）。

　　提腿壓擋對手的攻擊手臂，很容易踢傷對手攻擊的臂、髖，並在壓擋防守時，又可以配合其他技法攻擊。運用膝腿動作要迅速、準確，把握時機，形成連消帶打的攻勢。

圖 117

圖 118

圖 119

圖 120

圖 121

　　由警戒樁式起做膝腿格擋法。對手以右腳在前，並以勾踢攻擊我方。我方沉靜注視對手，斂勁合腰，提起前腿阻擋對手攻擊腿，勁力達於小腿脛骨或膝蓋側部位，阻截或消解對手攻擊（圖 121 ～ 圖 124）。

圖 122

圖 123

圖 124

圖 125

　　用膝或腿阻擋對手的攻擊腿，達到以腿制腿的效果，破壞對手的攻擊，或連接其他技法把握時機反擊對手。

二、膝腿掛擋法

　　由警戒樁式起做膝腿掛擋法。對手以左腳在前，前踢進攻我方，我方看準對手起腿，在身體稍向外移動同時，前腳提膝，快速勾住對手攻擊腿，順勢掛擋開對手的攻擊路線（圖 125 ～ 128）。

　　用膝腿勾掛擋開對手的攻擊，或逼迫對手改變攻擊路線和方式，再乘勢攻擊對手。但是，膝腿格擋的技術應能熟練運用，並且運用格擋的技巧還需靈活多變，能夠介入到與對手攻擊的節奏中。

圖 126

圖 127

圖 128

圖 129

第三節　阻　截

　　截拳道阻截技法包括除格擋技法以外的技術。主要有阻擋和截擊兩種技術。

一、阻　擋

【動作】

　　由警戒椿式起做手部的阻擋動作。對手以右腳在前，並以右手直接正面攻擊。我方右手伸開，拳心蓄力內含，在下頦處用力阻擋對手實施的擊打（圖 129 ～ 圖 131）。

圖 130

圖 131

圖 132

圖 133

　　由警戒樁式起做腳部的阻擋動作。對手以左腳在前，並以前腳前踢進攻。我方察覺對手的攻擊動作，同時前腳提起蓄勁，阻踏對手攻擊之腳（圖 132 ～ 圖 134）。

圖 134

【運用原則】

• 以手、身體和步法的運用為基礎；

• 以手和四肢的開合破壞對手動作；

• 認真對抗對手攻擊動作；

• 把握時機、距離、阻擋的角度；

• 注意防護樁式移動中暴露的空檔；

• 實施阻擋時，身體及四肢適當後引，以緩衝對手打擊的力量；

• 若處於不利狀態時，瞬間閉氣，緊張局部肌肉，並迅速轉入反擊；

• 注意平時的防護訓練方法。

圖 135

圖 136

二、截　擊

【動作】

　　由警戒樁式起做手部的截擊動作。對手以右腳在前，先實施手的攻擊動作。我方搶先移步，抓住對手前手，前手格擋對手攻擊之手的同時，後手猛擊對手（圖 135～圖 137）。

圖 137

圖 138

　　由警戒樁式起做手部的截擊動作。對手以左腳在前，
以前手實施攻擊。我方移步避開的同時，前手攻擊對手頭
部。對手以後手再揮擊時，我方後手擺拳擊打對手面部，
前手截開對手的攻擊前手（圖138～圖141）。

圖 139

圖 140

圖 141

圖 142

圖 143

由警戒樁式起做手部的截擊動作。對手準備以前手掄拳攻擊，我方在察覺對手向回抽手時，迅速展開反攻（圖 142～圖 145）。

圖 144

圖 145

　　由警戒椿式起做腳部的截擊動作。對手出現了攻擊的預兆，我方待對手出現第一個動作時，開始迅速攻擊對手，緊接著側踢截擊對手欲攻之腿（圖146～圖149）。

圖 146

圖 147

圖 148

圖 149

圖 150

　　由警戒樁式起做腳部的截擊動作。對手以前踢正面攻擊時，我方迅速瞅準角度，前腳提起截擊對手所起之腿（圖 150～圖 152）。

圖 151

圖 152

圖 153

圖 154

　　由警戒樁式起做腳部的截擊動作。對手以樁式降低的
姿勢揮拳進攻時，我方迅速後退，避開對手攻擊。對手起

圖 155

圖 156

身再欲動作，我方密切注意對手動向，迅速截踢對手（圖
153～圖 156）。

圖 157

圖 158

　　由警戒椿式起做腳部的截擊動作。對手以左腳在前並撲向我方。我方直接迎擊，迅速截踢對手腿、膝部（圖157～圖160）。

圖 159

圖 160

圖 161

圖 162

　　由警戒椿式起做腳部的截擊動作。對手欲起腳移位，後腳提起準備踢打。我方看準時機，前腳移動，猛力側踢對手腹部（圖 161～圖 163）。

圖 163

圖 164

　　由警戒樁式起做腳部的截擊動作。對手中距離進攻，我方移動後腳向前的同時，前腳猛然重踢對手（圖 164～166）。

圖 165

圖 166

　　由警戒樁式起做腳部的截擊動作。對手以左腳在前，並揮動前手直拳攻擊。我方後移步，躲開對手攻擊之拳，緊接著換步，前腳猛擊對手胸、腹部（圖 167～圖 169）。

圖 167

圖 168

圖 169

【運用原則】

● 攻守動作連貫合一；

● 創造有利於己的攻勢或主動權；

● 不要做蠻力動作；

● 攻守均應突破對手中線；

● 把握節奏速度、角度、路線和攻擊方式；

● 留心動作的直接性和間接性；

● 有較強的警覺心及分析能力。

截擊或阻擋是格擋技術之後的一種戰術打擊法。它要求運用拳理「連消帶打，攻守合一」的原則，創造有利於自己的形勢。截擊中不能依靠蠻力，主要是破壞、截擊或阻擊對手的動作。在對手的優勢減弱時，給予對手連消帶打的攻擊，直至擊倒對手。

截擊中重要的是能否把握時機與距離，並且保持高度的警覺心，憑直覺靈活地移動攻擊。

截擊應用於對手發動攻擊或反擊移位的瞬間。當對手逼近我方準備攻擊或進行踢打時，當其做假動作和欲展開複合攻擊的一瞬間，都可以採用阻截戰術。

實施有效的截擊需要培養出高度的敏銳性和訓練有素的意識，這些需要由刻苦訓練方能獲得。

截擊技術在施用前須觀察對手是否利用假動作和假截擊戰術引誘我方上當。在沒有掌握對手攻擊的選擇位置時，不要輕易攻擊對手，可以採用引誘方法或假動作，使對手進行反擊攔截，在對手進入打擊範圍時，猛然施以攻擊。

有條件時可以迅速開展攻擊，使對手疲於應付，無法恢復原來的防護姿勢。

當對手進入我方打擊範圍，並且不閃躲或後退時，我方可以直接、簡單地進攻，最好在對手向前移動身體重心時截擊或攻擊他。

如果打算搶先一步進行截擊，需要練習者的反應和速度優於對手，攻擊或截擊的動作要具有滲透力，這樣不但能破壞對手的攻擊，還有可能擊倒對手。

截拳道要求與對手搏鬥時，若遭遇意外打擊而處於被動失分的情況下，須將一時之得失置於一旁不顧，而應保持冷靜，振作精神，以良好的技擊狀態以圖最終將對手擊敗。

第四節　防守技法

截拳道除使用格擋法和截擊技術保護自己，並進行反擊外，防守技法也是構成截拳道的重要組成部分。掌握不好防守技術，就無法有效地保護自己，哪怕進攻能力很強，還是會遭遇對手的擊打，甚至最終敗給對手。因此，截拳道的基本技術和戰術要求首先必須避開對手的攻擊，再伺機打擊對手。

搏擊中雙方的技術運用是千變萬化的，意想不到的情況隨時都會發生。因此，防守技法應當在基本訓練的基礎上，拋棄外在形式，擺脫固定招式的束縛，以全面的、多

方位的技術投入訓練和實戰。

如果在搏擊中一時難以直接戰勝對手，就得採取積極的防守技術，直至具備戰勝對手的條件時，再次發起攻擊。

截拳道的防守技術分為閃躲、搖晃、拍擊、捆手、封纏、壓迫等。

防守技術中的閃躲以步法為基礎。

一、閃躲步法

1.滑步閃躲

（1）內側滑步閃躲

由警戒樁式起做內側滑步閃躲。對手以左腳在前，並以前手直拳進攻。我方前腳滑移至對手前腳內側，在前腳掌觸地同時，後腳隨即滑移，重心落在左腳上，右肩與身體同時轉至左側；左腳不動，右肩內側擰轉，這樣趨近於對手內側進行防護，對手的左拳由我方右肩上擦過（圖170～圖172）。

（2）外側滑步閃躲

由警戒樁式起做外側滑步閃躲。對手以右腳在前，並以前手直拳快速攻擊我方頭部。我方迅速前腳滑移於對手前腳外側，後腳隨即跟上；對手的右直拳即從右肩上擦過（圖173～圖175）。

圖 170

圖 171

圖 172

圖 173

圖 174

圖 175

圖 176

圖 177

(3) 後移滑步閃躲

由警戒樁式起做後移滑步閃躲。對手以右腳在前,並前腳踏起踢打。我方後腳快速後滑動,前腳隨即後移,躲開對手踢擊(圖 176 ～ 圖 178)。

圖 178

圖 179

（4）側步閃躲

由警戒樁式起做側步閃躲。對手以右腳在前，起腳進

圖 180

圖 181

行側踢。與此同時，我方向右側移步 25 公分，後腳緊接移位，避開對手側踢（圖 179 ～ 圖 181）。

圖 182

圖 183

2.碎步閃躲

由警戒樁式起做碎步閃躲。對手以右腳在前,並以前手攻擊,我方以碎步快速移動防護對手擊打,同時移位中可伺機反擊對手(圖 182 ~ 圖 184)。

圖 184

圖 185

3.跨步閃躲

　　由警戒椿式起做跨步閃躲。對手以右腳在前，前腳突然掃踢攻擊。我方向右前方跨步閃躲對手踢打，使對手踢擊落空踢過（圖 185～圖 187）。

圖 186

圖 187

4. 下閃身

　　由警戒樁式起做下閃身。對手以左腳在前，前手擺擊攻擊我方。我方猛然低身閃避迎面擊來的擺拳。下閃身閃避時，保持貼近於對手的有效距離，隨時反擊（圖 188 ～圖 190）。

圖 188

圖 189

圖 190

圖 191

圖 192

5. 後閃身

由警戒樁式起做後閃身。對手以右腳在前，前手直拳猛擊我方，我方順對手拳勢，身體迅速後傾閃避對手攻擊，在對手收手之際，可趁機予以猛烈攻擊（圖 191 ～ 圖 193）。

圖 193

【訓練方法】

搏擊中閃躲運用是較有效的防護技術。閃躲就是積極利用步法的運轉避開對手擊打的技術。閃躲一般用滑步、碎步和跨步來運動。為了訓練閃躲技術，可採用多種訓練方式。

1.輕型沙袋訓練

選擇輕型沙袋，練習者保持與沙袋的合適距離，由樁式開始前，前手推動沙袋使其擺蕩。沙袋擺動將要碰撞練習者時，練習者迅速以步法閃躲。閃躲同時，可發起攻擊擊打沙袋。練習次數根據各自情況決定。

2.速度球訓練

距速度球合適的距離站立，以樁式姿勢開始，前手擊

打速度球，使球快速反彈，待速度球將觸及面部時，練習者用滑步或碎步做閃躲練習。速度球反彈時，練習者退回原位再進行訓練。練習次數根據各自情況決定。

3.木人樁訓練

以木人樁伸出的把手為對手的攻擊動作，做步法閃躲和踢打訓練。

4.助手配合訓練

助手與練習者依樁式站立，助手持拳靶進攻練習者，練習者做閃躲後擊打拳靶。擊打拳靶時，手肘可以同用。

5.精神訓練

練習者由內心的假想，引起訓練的趣味性。應在精神狀態較好時進行訓練。

【運用原則】
* 把握閃躲時機、距離的判斷能力；
* 步幅移動的大小，應根據與對手的距離而確定；
* 移步與身法協調一致；
* 閃躲之後的反擊勁力應具有滲透力；
* 防護是為進攻做準備；
* 動作中要精神專注。

圖 194

二、搖晃（搖擺和晃身）

1.晃　身

　　由警戒樁式起做晃身。對手以擺拳或勾拳攻擊時，我方迅速低身，晃身躲閃對手的攻擊，並在低身時兩拳朝向對手，準備防禦和攻擊。

　　採取低姿勢，兩腳須保持樁式攻擊姿勢，並注意運用膝關節的彈性配合身體的晃動，頭和肩同時保持滑步時的姿勢，準備隨時躲閃對手拳頭的攻擊，或晃身後用滑步移動攻擊對手（圖 194 ～ 圖 199）。

圖 195

圖 196

圖 197

圖 198

圖 199

圖 200

圖 201

2. 搖　　擺

（1）內側搖擺

　　由警戒樁式起做內側搖擺。對手以前手攻擊時，我方滑步閃進對手出拳外側，頭和身體姿勢低下，潛伏於對手直伸前手的下方空門，隨即站立身體順勢攻擊。因對手的前手在我方左肩附近，我方也可借此防護自己（圖 200 ～圖 202）。

圖 202

圖 203

（2）外側搖擺

由警戒樁式起做外側搖擺。對手以右手直拳攻擊時，我方滑步至內側，在右手置於對手左側時，頭部和上身畫圓狀滑過對手左側，使對手右拳沿右肩擦過（圖 203 ～ 圖205）。

圖 204

圖 205

【搖晃訓練】

搖晃身體令對手不易攻擊，可以使自己的勾拳運用有效。它的運用特點在於兩手放開，隨時予對手以打擊。它在動作中增強了自己的守勢，對手一旦露出空門破綻，便又可乘隙攻擊。

搖晃防守時，此動作並不常單獨運用，而是多與其他技術配合掩護使用。練習者可在助手或器械的配合下進行訓練。

1.輕型沙袋訓練

選擇一個輕型沙袋，懸吊與頭同高。從樁式姿勢開始，前手觸擺沙袋，沙袋擺晃至練習者面部時，練習者搖晃躲閃沙袋。

2.助手配合訓練

在助手配合下，反覆練習拳擊。次數根據各自情況來定。

【運用原則】
● 做搖晃動作時，須先使身體放鬆；
● 使身體動作協調一致；
● 善於運用兩腳動作；
● 左右晃動頭部；
● 閃躲的方向不能預先暴露；
● 左右手虛晃，讓對手分不清動作虛實。

圖 206

圖 207

三、拍　　擊

　　由警戒樁式起做拍擊。對手突發前手攻擊，我方運用前拍擊開對手的攻擊路線，並以拍擊手勢變為背拳抽擊對手面部（圖 206 ～ 圖 208）。

圖 208

圖 209

　　由警戒樁式起做拍擊。對手以前腳前踢進攻時，我方以前手側拍擊開對手攻擊的腳，並迅速移位反擊（圖 209 ～ 圖 211）。

圖 210

圖 211

　　截拳道除了以上的防守技術外，還有捆手、封纏、壓迫等技術，它們的技巧有待練習者有了一定基礎之後去進一步探討。

第三章

截拳道攻防技法

　　截拳道的攻防技法是對訓練的總結，它是最終經過訓練後去實戰搏鬥的技巧。在進攻中防守，在防守中進攻，以無法為有法，以無限為有限，使用一切行之有效的招式，全身心置於搏擊之中。

　　截拳道自由搏擊融入了所有訓練的技術，從而發出自我挑戰。在變化莫測的格鬥中，要使自己的動作技術協調、嚴謹、有耐力、有力量，能控制平衡，眼明手快，有速度，善於把握時機，具有充滿自信的態度。

第一節　攻防準備

　　做好攻防準備，是為了擊敗或擊倒對手，同時有效保護自己。

　　做好攻防準備，便於用簡捷、直接的形式表現自己。

　　進入搏擊是對練習者心靈的昇華與體能發揮至極限的鍛鍊的檢驗。

　　截拳道的實戰搏擊強調中央突破，攻守搶中線，借助準確的節奏、角度、路線和嫻熟的技巧，以連消帶打等攻防方法截擊、化解對手的攻擊，把握任何一個機會，以各種方式來實現自己的目標。

　　仔細觀察對手的意圖和行動，而儘量避免暴露自己的意圖。

一、攻防時的精神準備

　　對於一個新手來說，在比賽前，可能會產生緊張情緒，並會因為緊張而出現顫抖、噁心和嘔吐現象。不僅一般人如此，有經驗的運動員有時也會出現這種現象。要解決這個問題，首先要進行情緒上的自我控制。

　　情緒是自己每天都能體會到的。它是體驗，又是反應；是衝動，又是行為。情緒的控制之所以如此重要，是因為它可以成為自己行為的動力，但也可能成為阻力。在截拳道訓練中，情緒極大地影響著練習者的訓練品質與訓練成績。有效的情緒調節控制可以提高訓練的效果和品質，使運動成績得以保持和提升，使在充滿競爭壓力的環境中拼搏的運動員及教練員的心理狀態始終健康。

　　準備攻擊的情緒狀態涉及到具體行動。作為一種目標預期，情緒影響可能是積極的，也可能是消極的。在實現預期中途受到情緒的阻礙，就會產生緊張和恐懼。並在下意識的情況下控制我們的行為，指導方向，並迫使我們在無奈地忍受，或者果斷地解決問題之間進行選擇。情緒是

由認知中形成的，由成功後的喜悅或失敗後的內疚、沮喪，給自己留下深刻記憶，從此使自己下意識地去努力追求成功，避免失敗。

積極的賽前準備狀態，可以為練習者進入攻擊搏鬥態勢提供一個良好的心理基礎。如果處於焦慮、害怕及困惑狀態，那麼練習者在進入比賽時，就難以應付和果斷地處理搏鬥中的突發情況。

為了使練習者能夠擁有最佳的心理（精神）狀態，可以用以下幾種方式來控制與調節：

● 在攻擊搏鬥前和搏鬥中，應當在頭腦中重播自己以前獲得成功時的情景，體驗當時的身體感覺和精神狀態，以加強比賽信心。

● 當自己感到緊張焦慮時，要有意識地放鬆面部肌肉，不要咬牙，平靜地保持自己面部表情和姿勢的自然狀態。

● 學會利用不同的動作速度、強度、幅度、方向及節奏來控制臨場時的精神狀態。

● 用輕鬆愉快的音樂來調節賽前的緊張情緒，吸引並轉移練習者的注意力。

● 精神的緊張會造成呼吸短促不勻。可採用緩慢的呼氣和吸氣，提高攻擊準備的水準。

提高情緒控制水準，要從降低中樞神經系統興奮的程度出發，努力消除過分的緊張、焦慮和惱怒等不良情緒。在激烈的搏擊中激發練習者的鬥志，發掘自身潛力，在氣勢上壓倒對手，並戰勝自身弱點，才能爭取搏鬥的勝利。

二、正確的姿勢

正確的姿勢也是情緒控制良好的反映，是為發起攻擊做準備的動作。

攻擊姿勢正確，動作幅度小，體能消耗較少。相反，姿勢的錯誤會導致不必要的肌肉的收縮和動作的緊張和僵滯。

掌握正確姿勢的方法：

● 心情放鬆，驅除緊張感。

● 降低肌肉緊張程度的同時保持肌肉的抵抗力。

● 隨機應變，修正自我。

第二節　攻擊目標

截拳道的戰術和策略，主要是根據對手所處位置及其容易攻擊的部位而決定攻擊目標。

在正式比賽中，一般都會設定一些禁止攻擊的部位，但是，如果遭遇歹徒的襲擊而被迫自衛，就須根據情況擊打歹徒最薄弱的身體部位。

截拳道博採眾家之長，融合傳統武術的經驗，運用了「太極門之死穴」「螳螂派八打與八不打」等攻擊技術。

太極門之死穴（圖212）：

（1）頭頂　（2）兩耳　（3）咽喉　（4）中脘

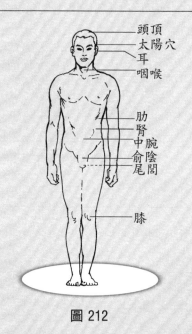

頭頂
太陽穴
耳
咽喉

肋
腎
中腕
俞陰
尾閭

膝

圖 212

（5）兩肋　（6）俞陰　（7）兩腎　（8）尾閭

螳螂派八打與八不打：

八不打（死穴）：

（1）太陽夕首　（2）正中鎖喉

（3）中心兩壁　（4）兩肋太極

（5）海底撩陰　（6）兩腎對心

（7）尾閭風府　（8）兩耳扇風

八打：

（1）眉頭雙睛　（2）唇上人中

（3）穿腮耳門　（4）背後骨縫

（5）肋內膵腑　（6）撩陰高骨

（7）鶴漆高頭　（8）破骨千斤

第三節　攻擊時機

　　截拳道指出，攻擊與防守的最佳時機須憑直覺和經驗去把握。時機與速度又是相輔相成的，速度決定著時機把握的正確與否。只有具備超出他人的速度的能力，才可準確把握瞬間的攻擊時機。

一、速度運用

　　這實際是指身體四肢的協調敏捷性。為了訓練提高攻擊時所需的速度，應把握以下幾點：

　　● 多訓練基本功夫，減少動作的黏滯性，增強動作的靈活性。

　　● 掌握正確的動作姿勢。

　　● 培養視覺與聽覺的敏銳的洞察力。

　　● 養成習慣性的快速反應。

二、基本的攻擊時機

　　● 決定發動攻擊時，首先使注意力高度集中。

　　● 動作果斷迅速。

　　● 從靜止狀態轉為移動狀態時無任何動作預兆。

　　● 對手正在準備攻擊或開始移動時。

　　● 對手處於運動狀態尚未停下時。

- 對手因外界干擾而失去身體與心理平衡時。
- 對手缺乏耐力，體能狀況下降時。
- 對手攻擊落空而收手時。

三、攻擊時機的認知運用過程

- **確定** 對手與自己的距離的正確估計，對手空檔或破綻的發現。

- **本能** 預判對手可能發起攻擊的時間、方式、招法等。

- **決斷** 選擇性的反應一般比條件反射的動作反應顯得複雜而慎重，人們作決斷的注意力集中在某件事或行為上時，反應力也相對比較遲緩。故而在截拳道實戰中需要作出決斷時，必須快速直接地決定實施近距離攻擊或者實施遠距離攻擊，還是實施二次連續攻擊，或者決定以何種攻擊方式以最有效地擊敗對手。

- **動作** 一旦作出決斷，肢體各部位必須在瞬間做出自己決斷所要求實施的動作。在做動作同時，保持高度的警惕性，隨時防禦對手的攻擊或反擊。

當影響反應速度的情況出現時，它也會影響對時機的把握，這些情況是：

- 在特別容易激動時。
- 十分疲勞時。
- 注意力集中不起來時。
- 訓練中出現惰性時。

第四節　攻防距離

距離是指搏擊中敵我雙方的間隔空間。能否有效運用踢打技術往往涉及到距離判斷正確與否。距離的變化是由步法移動來改變的，同時，身體的前後左右擺動也會使距離產生變化。

由距離判斷而確定攻擊目標時，不能僅僅針對對手站立不動的位置，更要預判到對手可能躲閃或移動的位置。在發起攻擊的瞬間，必須正確判定敵我間的距離，才能準確把握對手可能移動的位置。

技擊距離可以分為遠距離、中距離和近距離三種形式。

一、遠距離

在尚未摸清對手的能力高低或攻防意圖時，一般先採用遠距離對敵方法。這種距離屬於安全距離。這樣做是為了給自己留下一個便於做出反應的距離，來進一步瞭解對手情況。

如果已經掌握了對手的情況，就要接近對手，採用中距離對敵方法。中距離處於對手的攻擊範圍之外，但又能貼近對手和出拳攻擊。實戰中若是尋找時機，多採用此種距離。

遠距離是指與對手相距 1 公尺以上的距離。這時無論

採用何種技法，都無法擊中對方，因而也被稱為搏擊中的無效距離或準備距離。採用遠距離對敵時必須移步近身才能進行攻擊，反之，也是擺脫對手的進攻時後退所應到達的距離。在防守中，即使是優秀的練習者也總是遠離對手，儘量不使對手靠近攻擊。當然，距離較遠，對手也有較充裕的時間來做出下一步反應。

二、中距離

移動較少，可以直接進步出拳或踢打便能擊中對手的距離稱為中距離。在中距離條件下，對峙雙方都無法直接擊中對方，但是某一方進一步便能攻擊到另一方。處於中距離，說明你對對手已經相當瞭解，正在做積極的攻擊準備。此時，拳和腳的動作都將進入有效打擊區域，隨時可以發起突然攻擊。

處於中等距離時，也可以迅速後移或疾步後撤，以閃躲對手的攻擊。但是此類防守策略不能連續運用，因為，這樣的連續後退有可能使你喪失進行反擊和主動進攻的機會。退卻的距離以使你既能免遭對手攻擊，又能進行有效反擊的位置為佳。

三、近距離

快速突破了中距離則靠近了對手，形成近距離。近距離就是手和腳的動作可以直接擊打目標又無須自身移動到

貼身近戰或糾纏的距離。

近距離搏擊通常只做一次性攻擊或反擊。因為在這個距離上要進行有效防護是比較困難的，而且，在格鬥中必須考慮運用手法封纏對手的手和腳，同時還需要防護對手對我方的肋、膝及頭部的攻擊，以及防止對手的擒摔。

四、防守距離的運用原則

● 正確運用步法的移動。
● 判斷攻擊距離的有效範圍。
● 防守中隨時注意對手的突然襲擊。
● 保持正確姿勢，控制重心的平衡。

五、攻擊距離的運用原則

● 從某種距離中採用有效技法攻擊對手的最近目標部位。例如，在遠距離的攻擊中可以採用直拳或側踢。

● 不斷地移動步法和動作變化，以獲取合適的攻擊距離，利用不規則的交替複合攻擊韻律破壞對手的防護，擾亂對手對距離的判斷，一旦機會出現，迅速發起連續的重力攻擊。

● 抓住對手暴露出弱點的瞬間，把握準確的時機和距離，予對手以有滲透力的攻擊。

● 具備勇氣、決斷力、瞬間的體能爆發和快速攻擊力。

當雙方均精於距離判斷時，應注意以下幾點：

- 嚴密的防護，警惕對手的變化。
- 反覆變換距離，藉以擾亂對手的距離感。
- 攻擊應選擇較近的目標，搶先牽制對手的行動。
- 以兩組組合動作配合進行攻擊。

在搏擊中，當你與對手均善於準確判斷距離時，可以採用與對手保持較遠的防護距離，以確保安全。但存在的問題是，在這種距離條件下，如何進行轉換並縮短距離，同時又能避免遭遇對手攻擊呢？只能採用突然擾亂對手注意力的方式，給自己創造攻擊機會。

【練習方法】

1.助手配合訓練

助手持拳靶，與練習者保持遠距離，手靶與下頜同高。練習者用拳攻擊，助手持靶下移，盡力不使練習者擊打成功。練習者練習遠距離的突然攻擊。助手持靶上下左右或翻轉移動，讓練習者從不同位置和角度進行擊靶練習。次數以 3 分鐘為 1 組，做多組。練習者在訓練中要認真把握時機、距離、攻擊角度等要素。

腳靶練習與拳靶練習基本相同。

2.護具訓練

練習者與助手各穿護具，做攻擊和防守練習，要注意攻擊中的防守、閃躲、搖晃技術的運用。助手應控制勁力和速度，動作由慢至快，由簡單到複合，幫助練習者培養

以直覺把握防守的距離、時機和攻防角度。練習以 3 分鐘為 1 組，可以接連做幾組。

3.木人樁訓練

以警戒樁式開始，做手法及踢打木樁的練習，同時做閃躲、消截動作的練習，把握攻與防的時機、距離及角度。練習以 3 分鐘為 1 組。

截拳道還採用擊紙靶和擊速度球等訓練方法。可以自己選擇對己有效的練習方式。

第五節　攻防戰術

戰術是在對對手的觀察與分析的基礎上，謹慎且明智地選擇所需用的攻擊與防守的方法。運用的策略應當高於對手，並且具有準確的判斷力和發現對手破綻的能力，以較強的預見性和信心實施所選擇的攻擊或防守戰術。

在實戰中，進攻往往是積極主動的，而防禦則有時顯得較為被動。平日練習中，應首先全面掌握進攻的各種技戰術動作，同時，為使自己的能力達到攻守平衡，也要完善防禦技巧。

一般來說，學習截拳道的拳手分為力量型和智慧型兩大類。力量型的拳手在搏擊中常常會沿用重複的動作進行攻擊，而智慧型的拳手則會靈活運用合適的打法，並經由研究對手的技術特點與格鬥方式來變換自己的戰術。

準備攻擊時，出招要突然，並能控制步法，改以快速的碎步來控制身體的平衡，使步法運轉更加靈活。如果對手總是重複相同的攻擊動作，就可以直接施用截擊戰術，或者故意顯露破綻，以引誘對手上當。真正實施攻擊時，應當使攻擊動作具有突發性、高速度、流動性，並能準確把握時機，頭腦則時刻保持清醒和警覺。如果對手佔據了主動，則應以不間斷的虛張聲勢的反擊，攻擊對手的外側並擊破其防護線，以此干擾、分散他的注意力，以便重新奪回攻擊的主動權。

利用攻擊的節奏，尋找攻擊的時差，以便在擊中對手前破壞他的防守。但是對新手進行攻擊的節奏，可能會因為其動作的不規律性而較難判定。但可以肯定的是，這樣的對手的動作和反應常常是慌張而盲目的，他的消截動作往往不太有效，角度、方向也不確定，即使這樣，他的動作有時也會擊到練習者。在這種情況下，練習者要學會耐心等待機會，在對手露出破綻時，才快速簡捷地直接攻擊，並且在攻擊奏效後，也不必再採用複合攻擊。

攻擊中還應注意，一開始不必採用複合的攻擊，選擇的戰術夠用就行了。可以先採用簡單技術進行攻擊，在攻擊不奏效的情況下，方使用複雜的技術攻擊。與一個新手格鬥時，用連續性的攻擊和做假動作後實施攻擊，效果較為明顯，這樣的攻擊常使新手無法防範或認為這是複合攻擊而不知如何應對。但是，如果是與優秀的對手交手，一上來便採用複合攻擊的動作，則會過早暴露自己技術水準而易被對手所利用。

對手如果是個有耐心很鎮靜的人，防守又很嚴密，便不要直接攻擊，而是保持合適的防守距離，以假動作引誘對手的阻截或攻擊，我方隨即進行牽制或封纏並給予打擊。

如果對付個頭較矮的對手。矮個子對手一般因身材原因常會採用逼近對方進行攻擊的做法，以彌補其個矮臂短的劣勢。這樣的對手如果身體強壯、技術較好，就更會選擇靠近格鬥。練習者在這種情形下，就不要與其做近距離的糾纏，而應擴大防守範圍，就可以較從容地破壞和限制對手的戰術策略。

身材較高的對手，通常其動作稍慢，但由於其身高臂長腿長，而且往往打擊力量也較強，控制範圍也較大。對付這樣的對手，應保持安全距離，尋機靠近，運用以小對大的戰術與之周旋並予以打擊。對付步步逼近、連續攻擊的對手，也應保持合適距離，切忌連續後退，因為那樣恰恰是對手所希望的情況。應當在後退中伺機進行有效反擊，瓦解對手的攻勢。

在截拳道的自由搏擊中的情況千變萬化，因此練習者的戰術策略也應相機進行調整，前提是平日必須熟練掌握各種搏擊形式的戰術運用，才能在實戰中爭取勝利。

戰術運用三步驟：

1.預先分析

進入實戰，不要立即發起攻擊，而應預先詳細觀察對

手的習慣和優缺點，瞭解對手擅長防守還是進攻，其動作的技術水準高低、攻擊和防守品質如何等等，做到心中有數。因為每個人的身體和精神狀態每天都在變化，故善用謀者，就要設法預知對手當時的各種情況。

2.準　備

即發出攻擊或防守動作做預前準備。在實戰中如何尋找有利的攻擊線索，與對手鬥智鬥勇，場面的變化常常是變幻莫測的，但在準備充分、細心探索的條件下，依然可以捕捉到戰機。

比如，在對手發起攻擊並氣勢很盛的時候，我方必須把握機會，隨時準備發招制敵，並善於控制自己的動作。也可以以虛招佯攻干擾對手的注意力，再施以真招攻擊對手的各處目標。

當然，在攻擊時需要謹慎，隨時準備在對手阻止或反擊時，有效地組織防禦。

3.發　招

指真實的、不帶假動作的攻擊。發招時須把握時機，一旦機會出現，就應快速地、毫不遲疑地發招攻擊。發招出擊時應膽大心細、出其不意。一旦對手出招，必須還之以有效的反擊，可以用貼身短捶打擊和抽擊，以降低對手的信心。

戰術的運用有多種方法。

一、虛 招

虛招是練習者用來欺騙對手的方法，強調以視線、身體移動和四肢的虛假動作引誘對手做出反應。截拳道較少實施主動、直接攻擊，多數攻擊均是先使用虛招，誘使對手進行攻擊，我方再進行反擊。

採用虛招製造的空隙僅僅是一瞬間，練習者只能充分利用此短暫的空隙，因而務必在意識上做出迅速的反應。使用虛招進攻的動作要有較強的表現力和威懾力，多變而且準確，接著便是乾淨俐索而又實在的一拳或一腿攻擊。

虛招攻擊動作，係由樁式起做向前動作，前腿膝關節迅速彎曲，此一輕微動作會給對手造成我方將發起攻擊的錯覺，實際上，我方動作就是為了造成這種錯覺。以虛招佯攻時，同樣彎曲前腿，上身稍許前移，前手也以向前伸出稍許或者在移步時，前腳滑進一步，做出半伸前臂猛擊的虛招，這個動作相當逼真，足以引誘對手進行格擋。但是，在對手格擋時，我方前伸之手臂不要與對手接觸，而是以任何一隻手猛烈真實地實施擊打。

截拳道歷來主張積極主動的進攻，但在技戰術運用上並不是盲目直接的，而是多以虛招引路，迷惑對手的判斷，然後予以攻擊。

【目的】

• 打開自己準備攻擊的對手的空檔；

• 快速逼近對手，迫使對手猶豫不定；

圖 213

● 用虛招使對手陷入困境，並接著加以攻擊。

【作用】

● 可直接攻擊；

● 閃躲對手一時不好確定的攻擊動作；

● 突進對手防護線；

● 擺脫對手的手段；

● 壓迫對手；

● 為攻擊引路。

【實戰運用】

由警戒樁式起做虛招攻擊。以前手刺拳虛擊對手身體，在對手防護時，再攻擊對手胸部（圖 213 ～ 圖 215）。

圖 214

圖 215

　　由警戒樁式起做虛招攻擊。前手虛攻對手面部一拳，在對手做出反應動作時，再實攻對手胃脘（圖216～圖218）。

圖 216

圖 217

圖 218

圖 219

圖 220

　　由警戒樁式起做虛招攻擊。前手虛打對手面部，對手閃躲時，再以後手實攻對手面部（圖 219 ～ 圖 221）。

圖 221

圖 222

　　由警戒樁式起做虛招攻擊。以後手直拳虛攻對手下頜，對手防護閃躲時，緊接著以前手勾拳攻擊對手上身（圖222～圖224）。

圖 223

圖 224

　　由警戒椿式起做虛招攻擊。前手直拳虛擊對手面部，後手緊接著虛打對手面部，在對手做出反應時，以前手刺拳擊打對手顎部（圖 225 ～ 圖 227）。

圖 225

圖 226

圖 227

二、引　誘

引誘和虛招相似，實際上引誘中包含了虛招的技巧。兩者的不同之處在於，虛招是設法欺騙對手，並使其做出反應，而引誘是指暴露自己身體的部分空檔，故意誘使對手進攻，而自己此時已做好攻擊準備，一旦對手因進攻而出現破綻時，立即予以凌厲、猛烈、具有滲透力的攻擊。

訓練有素的練習者和初學者的不同之處在於，前者善於及時發現機會，並迅速地利用它，還能充分運用自己的技術、戰術策略力爭戰勝對手。

因此，其所出的每一拳每一腳都是有把握的，並且又能在真正發起攻擊之前，已經迫使對手不斷地露出破綻，緊接著給予對手以致命打擊。

戰術的運用與速度和時機把握密不可分。時機和速度掌握得恰當，戰術的運用就會收到良好效果。

【實戰運用】

由警戒樁式起做引誘動作。提高身體重心，抬起兩手防護。當對手發現我方露出腹部的空檔，以前踢進行攻擊時，我方快速近身，猛力蹬踢對手的支撐腿（圖 228 ～ 圖 231）。

圖 228

圖 229

圖 230

圖 231

圖 232

　　由警戒樁式起做引誘動作。兩手佯做下垂，並進步逼
近對手。對手以直拳對準我方上身攻擊時，我方晃身閃
躲，緊接著膝擊對手胸、腹部（圖232～圖235）。

圖 233

圖 234

圖 235

圖 236

三、聲東擊西虛實法

聲東擊西虛實法採用一招三式進行攻擊。借助招式的虛實真假攻擊對手，使對手對我方出招捉摸不透，從而陷於被動。

【實戰運用】

由警戒椿式起。對手撲過來，並以右手揮擊，我方移步，同時後手扣住對手的攻擊之手，前手背拳抽擊對手面部。對手面部被擊而失反擊機會的瞬間，我方上身擺動，前腳飛起掃踢對手頭部。此處的戰術運用首先不攻擊對手頭部，採用聲東擊西虛實法迷惑對手，最後給以致命一擊（圖 236 ～ 圖 240）。

圖 237

圖 238

圖 239

圖 240

四、簡單角度的攻擊

簡單角度的攻擊共有五類，在截拳道中稱之為攻擊五法，它們都屬於戰術性的打法。以下將逐一說明。

所謂簡單角度的攻擊，是指用任何對手都無法預見或意識不到的方式、角度等的出拳或踢打，加之配合虛招的使用，具有很強的實用性。

一次完美的進攻，是戰術、速度、時機、欺騙性以及敏銳而準確的判斷有效結合的產物，要求練習者在平時訓練中儘量掌握。

簡單進攻不會對所有對手都有效。必要時也可以採用交替進攻與防護的方法，用於迷惑對手，並應付各種意外情況的發生。

進攻前要注意瞭解對手的技術能力，避其所長，攻其所短。進攻的方式應視對手防禦姿勢的情況而定。

簡單角度的攻擊也存在一個複合進攻的問題，在這裏，簡單的複合進攻往往只帶有一個虛招動作或者一個引手動作。

【實戰運用】

由警戒樁式起。我方身體重心下降並向前移動，對手兩手下落進行防護。在對手露出空檔時，我方移動前腳抵住對手前腳，在有效防止對手進攻的同時，前手由拳化為指戳，突刺對手雙目（圖241～圖244）。

圖 241

圖 242

圖 243

圖 244

圖 245

　　由警戒樁式起。對手以左腳在前時，我方前手虛招進攻對手胸腹，對手降低前手防護胸腹部位。在對手移開前手進行防護時，我方快速將後手由拳變為指戳，直擊對手面部（圖 245 ～ 圖 248）。

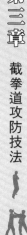

圖 246

圖 247

圖 248

圖 249

圖 250

圖 251

　　由警戒樁式起。我方移步時，對手已有所警覺，我方繼續快速滑近對手，前手直拳迅速並無預兆地擊出，擊中對手的頭部（圖 249 ～ 圖 252）。

圖 252

圖 253

圖 254

　　由警戒椿式起。對手以右腳在前時，我方迅速逼近對手，前手直拳猛擊對手腹部。對手反應過來，從上面揮拳進攻，我方在攻擊中以後手阻擋對手揮來的拳頭（圖253～圖256）。

圖 255

圖 256

　　由警戒樁式起。對手以左腳在前時，我方以前手虛招引誘對手做出反應，並抬手迎住攻擊。接著，我方迅速移位，以左腳掌為軸，後手（即左手）以直拳擊打對手頭部或下頜（圖 257 ～ 圖 259）。

圖 257

圖 258

圖 259

圖 260

圖 261

　　由警戒樁式起。對手以左腳在前時，我方突然近身，前手扭住對手左手，前腳抵住對手左腳，兩手快速交換，後手拉住對手左手同時，前手背拳猛擊對手面部（圖 260～圖 262）。

圖 262

圖 263

　　由警戒樁式起。對手以右腳在前時，我方於中距離一揚手，左手防護對手的踢打，突然以一記側踢攻擊對手腹部（圖 263 ～ 圖 265）。

圖 264

圖 265

圖 266

　　由警戒樁式起。對手以左腳在前時，我方揮手以引起
對手注意，並迅速轉體，發起一腳旋踢，穿過對手兩手防
護間隙踢擊（圖 266 ～ 圖 269）。

圖 267

圖 268

圖 269

圖 270

五、封手攻擊

封手攻擊是指先封住對手的手、腳或頭部，瓦解對手攻勢後再實施攻擊。

封手攻擊需要手法熟練準確的配合，以手法封纏對手的身體部位，使其無法反擊，同時尋找空門攻擊對手。運用封手時，身體應能自然做出反應，運用手法或其他招式進行攻擊。封手攻擊還可配合另外四種攻擊法，增強攻擊與防守的能力。

【實戰運用】

由警戒樁式起。對手以右腳在前時，我方前手直拳佯攻對手腹部，對手下落前手進行格擋。我方以後手快速壓迫對手前手，並以前手直拳猛擊對手面部（圖 270 ～ 圖 273）。

圖 271

圖 272

圖 273

圖 274

圖 275

　　由警戒樁式起。對手以左腳在前時，我方前腳攻擊對手小腿部，對手前身下俯躲避。我方順勢移動，前手纏住對手頸部，後腿膝部迅速頂擊對手腹部（圖 274 ～ 圖 277）。

六、漸進間接攻擊

　　漸進間接攻擊是指以虛招或佯攻引誘對手，使對手出現錯誤的動作，從而給我方提供攻擊對手露出破綻位置的機會。

圖 276

圖 277

　　漸進間攔截攻擊與前面介紹的攻擊法不同。攔截攻擊的前進動作是單一的，這種打法是更深入地運用虛招和漏手。它的戰術打法突出了截拳道封手攻手攻擊、攔截及漏手的靈活運用，並體現了在攻防中連消帶打的風格特點。

　　漸進直接攻擊方法主要用於攻破防護嚴密、動作快速的對手。在直接簡單攻擊效果不奏效時，便可採用漸進間接攻擊的方法。

　　在漸進間接攻擊法中運用的技術動作要配合步法前進的動作。採用漸進方式達到與對手間最佳的攻擊距離。為了更近一步貼近對手，要注意虛招的運用，可以適當延長

圖 278

使用虛招的時間，等待對手做出反應。但不論怎樣做，仍須強調在攻擊中不能給對手進行封擋的時間和機會。

當對手進行攻擊並撲過來時，必須立即發起攻擊，因為對手在攻擊時無法有效地進行防守。

還可以採用比較安全的三次擊打法，即第一次與第三次的打擊目標應當一致。也就是說第一次拳擊打的是對方身體，第二次擊打的是對方頭部，而最後一次打擊還應當是擊打對方身體。

【實戰運用】

由警戒樁式起。對手以左腳在前時，我方前手佯攻，對手移動，前手格擋。我方封住對手前手，在近身的同時，後手直拳攻擊對手頭部（圖 278 ～ 圖 281）。

圖 279

圖 280

圖 281

圖 282

圖 283

　　由警戒樁式起。我方揮手佯攻，以吸引對手注意力，對手躲閃。我方移步，看準對手中段空門，起腳側踢對手。對手被擊中時，我方接著以前手攔擋對手前手，後手直拳再次攻擊對手面部（圖 282 ～ 圖 285）。

圖 284

圖 285

七、配合攻擊

配合攻擊也就是聯合攻擊。配合一連串攻擊，利用連續的拳打和腳踢，攻擊對手的不止一處身體部位。

圖 286

　　配合攻擊通常包含著腳與手的連環攻擊技巧。當對手因我方的連續攻擊而處於無法招架處境時，我方從中找出對手的破綻給予摧毀性打擊。

　　一名技擊好手能夠善用機會進行連環的攻擊。他能運用敏銳的知覺，不斷採取主動的攻擊來壓迫對手，動作的配合又十分恰當，在一拳或一腳攻擊後，又可以製造出另一空檔，為下一拳一腳的攻擊創造條件。

【實戰運用】

　　由警戒樁式起。對手以右腳在前時，我方移步，前手直拳攻擊對手面部。對手被擊中後閃時，我方左手緊接著以擺拳攻擊其頭部，對手被擊俯身，我方再以勾拳攻擊對手下頜（圖 286 ～ 圖 289）。

圖 287

圖 288

圖 289

截拳道 **攻防** 技法

圖 290

圖 291

　　由警戒椿式起。對手以左腳在前時，我方以前手刺拳攻擊對手面部。對手閃躲時，我方後手勾拳近身攻擊對手胸部。對手因被擊後仰身，我方再接以前手直拳攻擊其頭部（圖 290 ～ 圖 293）。

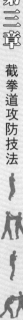

圖 292

圖 293

圖 294

圖 295

　　由警戒樁式起。對手以右腳在前時，我方前手揚起伴攻。對手後仰躲閃，我方再以前踢猛擊對手腹部（圖 294～圖 297）。

圖 296

圖 297

圖 298

圖 299

　　由警戒樁式起。對手以左腳在前時，我方先以前踢攻擊對手，引誘對手對腹胸進行防護。在對手頭部露出空檔時，我方緊接著移動並前腳掃踢對手面部（圖 298 ～ 圖 301）。

図 300

図 301

圖 302

圖 303

　　由警戒樁式起。對手以右腳在前時，我方以中等距離發起攻擊，對手在防護踢擊時向後閃躲，我方快速近身，前手直拳攻擊對手腹部（圖 302 ～ 圖 305）。

圖 304

圖 305

八、誘敵攻擊

誘敵攻擊是指利用虛招和引誘方法造成對手判斷失誤
而乘機攻擊。它是一種高級的攻防戰術打法。

圖 306

　　誘擊不太容易掌握，有時會因技術運用過於複雜而影響攻擊效果。誘擊在實戰中，除了採用虛招，就是在引誘中故意暴露身體某一部分的破綻，引誘對手攻擊，然後有準備地對對手因攻擊而出現的空檔進行攻擊。

　　誘敵攻擊法與上述幾種技法配合運用，在警戒樁式的基礎上嚴密防守和把握時機。在發起攻擊前先引誘對手攻擊，對手如何進步與如何動作便一目了然了。對手若前進一步或出招時，防守就不會那麼嚴密了，又不易變招防禦，此時攻擊對手則較容易得手。

【實戰運用】

　　由警戒樁式起。對手以左腳在前時，我方故意讓腹部露出破綻，對手看準空檔施以前踢攻擊，我方迅速提膝阻擋，在收腳時前手猛擊對手頭部（圖 306 ～ 圖 309）。

圖 307

圖 308

圖 309

圖 310

圖 311

　　由警戒樁式起。對手以右腳在前時，我方下落兩手做防護姿勢，對手認為我方上身露出空檔，實施前手攻擊。在對手出招之際，我方把握有利時機，前腳猛力勾踢對手腹部（圖 310 ～ 圖 313）。

圖 312

圖 313

圖 314

圖 315

　　由警戒樁式起。對手以左腳在前時，我方揮手佯攻對
手腹部，對手反應快速，下落兩手格擋，我方移位，轉身
一記掃踢，攻擊對手頭部（圖 314 ～ 圖 318）。

圖 316

圖 317

圖 318

第六節　反　擊

　　反擊是對對手的攻擊動作做出正確判斷，在避開或擋開對手攻擊的同時攻擊對手的一種技巧。它在各種戰術打法中屬於比較安全的一種。

　　反擊的技巧在於刺激對手發起攻擊，或者故意暴露破綻使對手被欺騙後加以運用。在反擊時先避開對手的進攻，在對手失去平衡或者防守出現疏漏時發起攻擊。一旦發起反擊，必須盡全力壓制對手，不給對手喘息機會，直至將其擊敗。同時也要防止對手的兩次攻擊，他的第一次攻擊可能是引誘，在我方對其反擊時，對手發動第二次攻擊，而這次攻擊可能才是真正的攻擊。

　　反擊技巧在處於遠距離和中距離時運用，能給對手製造很大威脅。在實戰中要做到攻中有防，攻防結合，協調運用，充分體現截拳道搏擊的技術和藝術。

　　反擊時的主要防護手段是封擋、護身、消截、閃躲、虛招誘敵等，同時還可採用擒鎖摔跌，踢打等招法。

　　對付先行進攻的對手，有諸多方法可供選用，但是在特定的形勢下，可能只有一種方式最有效，而這種選擇只能在一瞬間內作出。是否具備快速選擇反擊方式的能力也是反擊成敗的關鍵。

　　搏擊要靠機敏和智慧，而不只是任憑手和腳的猛打猛攻。因為在實際的搏鬥中情況是在不斷變化的，如果只會

按事先確定的打法甚至憑著想像怎樣去打，都是很不現實的，也難以取勝。

反擊三要素

1. 讓對手搶先攻擊，依此決定攻擊對手哪一側，因為在對手出招時已經暴露了身體的某一側。

2. 避開對手攻擊。可以用單手，也可以用兩手，進行阻截、防護，或者用一隻手防護，另一隻手進行反擊。

3. 反擊動作。取決於對手的攻擊方式以及何時避開了對手的攻擊。

【實戰運用】

由警戒椿式起。對手以左腳在前，並掄拳攻擊，我方迅速移近對手，以前手戳擊對手面部，並且動作要快於對手的掄拳動作，戳擊之後，注意阻截對手的反擊（圖319～圖322）。

圖 319

圖 320

圖 321

圖 322

圖 323

圖 324

圖 325

　　由警戒椿式起。對手以左腳在前，並揮動前手攻擊，我方直接反擊，以準確快速的直拳攻擊對手腹部，阻止對手的進攻（圖 323 ～ 圖 326）。

圖 326

圖 327

由警戒椿式起。對手以右腳在前，並撲向我方，我方看準間隙，以後腳為軸轉動，移動身體重心至後腿，在從對手攻擊路線上閃開的同時，猛然勾踢對手面部，同時控制好身體平衡（圖 327～圖 330）。

圖 328

圖 329

圖 330

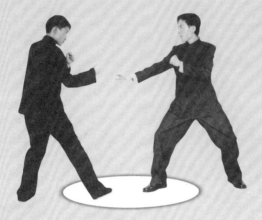

圖 331

圖 332

　　由警戒樁式起。對手以右腳在前時，我方試探對手意圖，對手稍有反應，我方移動身體，熟練地運用旋踢踢擊對手面部（圖 331 ～ 圖 335）。

圖 333

圖 334

圖 335

第七節　回　刺

　　回刺在截拳道中是指消截對手攻勢的攻擊動作。嚴格地說它也是一種反擊技術，但它的運用與攻擊時相似，採用的策略全由對手可能採取的防禦動作來決定。

　　回刺方法包括簡單回刺和混合回刺兩種。回刺——反擊是所謂「第二種企圖結果方式」，即首次出招攻擊並非真正用以打擊對手，而是引誘、消截或反擊，然後再反攻對手，以其人之道反制其人之身。這種打法是用來對付善於防守的對手的；第一次攻擊是虛招或佯打，緊接著第二次攻擊卻能有效打擊對手。我方以虛招攻擊之後，可以迅速地半收手勢或移動重心於後腳，這樣既可消解對手的防守，又能有效地避開對手的回刺反擊。

　　簡單的直接回刺是與消截手法同時出招的反擊方式，它包含一個直接的攻擊動作，但特別注重把握機會。要求在對手攻擊手的上方或下方進行格擋，避開對手的出招後進行反擊。反擊動作要快速簡練，並注意自己的防守。

【簡單回刺動作】
- 直接回刺，只包括一個直接的動作。
- 間接回刺，對付防守能力強的對手。

【簡單回刺應用】
- 直接回刺是對付突進攻擊時露出破綻的對手。
- 間接回刺是對付等待我方直接回刺，並很會防守的

對手。

● 漏手反擊回刺是對付被消截格擋開後還能進行反擊的對手，此類回刺反擊使用右腳在前的樁式將更有效。

下盤回刺是對付發動攻擊後對身體上段及中段防護較好的對手，我方可以攻擊對手的身體下段區域。

【配合回刺應用】

● 配合一個以上的虛招。

● 配合消截手法的反擊動作。

● 把握攻防時機。

【實戰運用】

由警戒樁式起。對手以左腳在前時，我方突進撲向對手進行佯攻，對手防守未穩而移退身體時，我方緊接著突然前踢對手腹部（圖 336 ～ 圖 339）。

圖 336

圖 337

圖 338

圖 339

圖 340

圖 341

　　由警戒樁式起。對手以右腳在前時，我方突然移步，前腳勾踢對手頭部，對手後仰躲閃。我方此時施用勾踢是假意的攻擊，在對手後仰躲閃時，我方移步，同時以一記劈踢砸擊對手（圖 340 ～ 圖 343）。

圖 342

圖 343

圖 344

　　由警戒椿式起。對手左腳在前，以前手攻擊我方。我方移步，格擋對手前手直拳並消截其攻勢，後手反擊對手胸部。對手發覺時，我方再揮拳虛攻對手身體中段。對手落手下防時，我方再迅速攻擊對手面部（圖 344 ～ 圖 348）。

圖 345

圖 346

圖 347

圖 348

圖 349

圖 350

圖 351

　　由警戒樁式起。對手以右腳在前時，我方前手直拳虛攻對手面部，對手後移身體躲避防護，我方順勢移位，從對手一側起腳擺踢對手頭部（圖 349 ～ 圖 352）。

圖352

第八節　重新攻擊

　　對手面對我方的攻擊並不消截而只是後退時，我方可由原先的攻擊方向再次發起攻擊，此種方式稱之重新攻擊。重新攻擊法可踢打對手離自己較近的目標區域，也可以對付因動作過大而露出破綻較多的對手。同樣，可以有效對付善於防守的對手或動作較慢的對手。

　　重新攻擊須與步法的移動進步和近身配合相協調。移步近身是不讓對手有任何喘息而組織反擊的機會。

　　對對手再次攻擊而移步近身時，要把握以下要點：

　　● 配合手法或各種攻擊格式。

　　● 抓住時機與掌控距離。

　　● 簡單、連續地出招。

　　● 格擋或消截之後直接連續攻擊。

圖 353

圖 354

【實戰運用】

　　由警戒椿式起。對手左腳在前，並以前手直拳攻擊，我方降低身體重心進行防護，同時前手直拳攻擊對手腹部。對手後退，我方逼近，再以後手直拳攻擊對手頭部或腹部（圖 353～圖 357）。

圖 355

圖 356

圖 357

圖 358

圖 359

　　由警戒樁式起。對手以右腳在前，揮手攻擊我方。我方移步，後腳側踢對手腹部。對手遭到擊打後退時，我方快速靠近對手，前腿提起，用膝部撞擊對手腹部（圖 358～圖 361）。

圖 360

圖 361

圖 362

圖 363

　　由警戒椿式起。對手以左腳在前時，我方前手揮擊對
手腹部。對手格擋落手時，我方突然掃踢對手頭部。對手
被迫後撤，我方抓住時機近身，再次前腳掃踢對手頭部
（圖362～圖366）。

圖 364

圖 365

圖 366

圖 367

圖 368

　　由警戒樁式起。對手以右腳在前時，我方突然移步。揮手並側踢對手。對手後撤移步，我方緊接著再次從對手頭部側踢並連接胸部二次側踢擊（圖 367 ～ 圖 371）。

圖 369

圖 370

圖 371

第九節　組合攻防技法

當截拳道的訓練達到高水準境界並掌握實戰的功夫之後，練習者就能進一步感悟到截拳道的哲學理念，從而使自身的精神境界得到新的昇華。

截拳道自由搏擊的技巧，包含了訓練的全部內容，並充分地融入實戰中。在實戰中，對陣雙方的攻防招法是多變的，常常是難以預測和把握的，全靠練習者依平時練就的本能反應應付各種情況，從而在變幻莫測的對抗中爭到主動權。所以，截拳道反覆強調的一句話就是：「以無法為有法。」

截拳道在實戰運用中的組合攻防技法示例

1.直拳——撞膝

對手以左腳在前並攻擊我方，我方移位，左手直拳反擊。對手遭到攻擊而俯身時，我方緊接著以右腿膝擊對手（圖372～圖376）。

圖372

图 373

图 374

图 375

图 376

圖 377

圖 378

2.阻擋——後擊肘

對手以直拳攻擊，我方迅速格擋，順勢擰腰屈肘攻擊（圖 377 ～ 圖 381）。

圖 379

圖 380

圖 381

圖 382

圖 383

3.橫擊肘──撞膝

我方誘擊對手，對手做出反應。我方以橫擊肘突擊，當對手陷入被動時，我方緊接著以膝撞擊之（圖 382 ～ 圖 386）。

圖 384

圖 385

圖 386

圖 387

圖 388

4.頂膝──格擋──撞膝

我方頂膝阻截對手踢擊，對手欲掃踢，我方再以撞膝
攻擊（圖387～圖391）。

圖 389

圖 390

圖 391

圖 392

圖 393

5. 右直拳——左直拳——橫擊肘

我方右手直拳佯攻，左手直拳重擊，緊接著以右肘橫擊（圖 392 ～ 圖 396）。

圖 394

圖 395

圖 396

圖 397

圖 398

6. 指戳——直拳——撐掌

我方前手指戳突刺，後手直拳重擊，接著由拳化掌攻擊（圖 397～圖 401）。

圖 399

圖 400

圖 401

圖 402

圖 403

7.左直拳——勾拳

我方左直拳直接攻擊，前手勾拳重擊（圖 402 ～ 圖 405）。

圖 404

圖 405

圖 406

圖 407

8.直拳連續攻擊

我方前後手直拳連續攻擊（圖406～圖410）。

圖 408

圖 409

圖 410

圖 411

圖 412

9.直拳——擺拳——背拳

我方前手直拳直擊，再接後手擺拳攻擊，前手背拳追擊（圖411～圖415）。

圖 413

圖 414

圖 415

圖 416

圖 417

10.橫擊肘──前踢──掃踢

　　我方前手佯攻，化肘橫擊，前踢攻擊對手，接掃踢
（圖 416～圖 420）。

圖 418

圖 419

圖 420

圖 421

圖 422

11.刺拳——踏踢——側踢

我方前手刺拳攻擊，軋腳踩踏，側踢反擊（圖 421 ～
圖 425）。

圖 423

圖 424

圖 425

圖 426

圖 427

12. 踏踢——掃踢

我方踏踢阻截，緊接掃踢攻擊（圖 426 ～ 圖 430）。

図 428

図 429

図 430

圖 431

圖 432

13. 側踢──前踢

我方前手佯攻，側踢猛擊、移位再前踢（圖 431 ～ 圖 435）。

圖 433

圖 434

圖 435

圖 436

圖 437

圖 438

14.撞膝——前踢——掃踢

圖 436 ～ 圖 441。

圖 439

圖 440

圖 441

圖 442

圖 443

圖 444

15. 側踢──前踢──旋踢

圖 442 ～ 圖 447。

圖 445

圖 446

圖 447

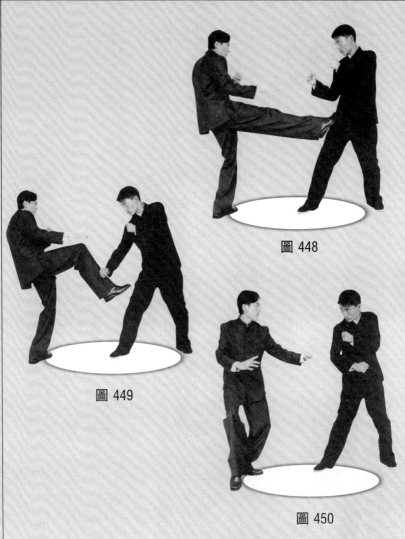

圖 448

圖 449

圖 450

16. 前踢——擺踢——擺踢

圖 448 ～ 圖 453。

圖 451

圖 452

圖 453

圖 454

圖 455

圖 456

17. 掃腿──前踢──側踢

圖 454 ～ 圖 460。

圖 457

圖 458

圖 459

圖 460

圖 461

圖 462

18. 踏踢──勾踢

圖 461～圖 465。

圖 463

圖 464

圖 465

圖 466

圖 467

19. 勾踢——側踢

圖 466 ～ 圖 469。

圖 468

圖 469

國家圖書館出版品預行編目資料

截拳道攻防技法／舒建臣　編著
——初版，——臺北市，大展，2006〔民95〕
面；21公分，——（截拳道入門；4）
ISBN　957-468-455-5（平裝）
1.拳術—中國
528.97　　　　　　　　　　　95004144

截拳道攻防技法

ISBN 957-468-455-5

編 著 者／舒 建 臣
責任編輯／張 建 林
發 行 人／蔡 森 明
出 版 者／大展出版社有限公司
社　　　址／台北市北投區（石牌）致遠一路2段12巷1號
電　　　話／（02）28236031・28236033・28233123
傳　　　眞／（02）28272069
郵政劃撥／01669551
網　　　址／www.dah-jaan.com.tw
E－mail／service@dah-jaan.com.tw
登 記 證／局版臺業字第2171號
承 印 者／高星印刷品行
裝　　　訂／建鑫印刷裝訂有限公司
排 版 者／弘益電腦排版有限公司
授 權 者／北京人民體育出版社
初版1刷／2006年（民95年）5月

定　　價／230元

● 本書若有破損、缺頁敬請寄回本社更換●

大展好書　好書大展
品嘗好書　冠群可期